기획서는 어떻게 만들어 지는가?

※ 이 책은 2011년 〈이슈에서 시작하라〉, 2014년 〈세계의 엘리트는 왜 이슈를 말하는가〉의 개정판입니다.

까칠한 상사와
고객이 만족하는

기획서는 어떻게 만들어 지는가?

ISSUE DRIVEN

할 일이 100분의 1로 줄어드는 최강의 기획서 작성법

아타카 가즈토 지음 | 곽지현 옮김

에이지21

소중한 주말 시간까지 희생하면서

마지막까지 나의 집필을 이해하고 응원해준

사랑하는 아내와 딸에게

진심으로 고마움을 전한다.

추천의 글

Unknown Unknowns

전 미국 국방장관 도널드 럼스펠드는 '무엇을 모르는지 모르는 것'이 가장 위험하다고 말했다. 이는 놀랍게도 많은 직장인이 매일 회사에서 겪는 일이다. 야근을 하며 열심히는 일하는데 정작 내가 무엇을 하는지, 무엇을 해야 하는지 모르는 경우가 많다.

매우 위험하다. 그래서 위험한 우리를 위해 이 책이 탄생했다. 이 책은 일할 때 우리가 '무엇을 모르는지' 알게 해준다. 그래서 '무엇을 알아야 하는지' 정리할 수 있도록 도와주고, 이는 제대로 된 일의 시발점이 된다. 바로 이것이 이 책이 처음부터 끝까지 우리에게 가르쳐주는 '이슈; 무엇에 대한 답을 구할 것인가'이다.

몇 년 전 이 책을 처음 만났을 때 심장이 두근거려 잠을 자지 못했다. 뇌가 쪼개지는 느낌이랄까? 내 머릿속 두루뭉실한 것들이 날카롭게 쪼개지는 것을 느꼈다. 이 책은 대부분의 책이 그렇듯 쪼개어만 주고 가버리는 것이 아니라, 저자의 실무 경험을 토대로 한 현실적 답으로 꽉꽉 채워져 있다. 기획 관련 책을 읽다 보면 공부한 이론을 가르쳐주는 분과 현장에서 이리저리 맨땅에 헤딩하다가 체득한 걸 신음과 같이 내뱉어주는 분으로 나뉠 때가 있다.(물론 전자의 책도 안 쓰던 뇌를 자극해서 기획력 향상에 도움이 될 때가 있다) 실무자로서는 그저 후자의 선배님께 안기어 울고픈 심정이 있는데 이 책이 내게 그랬다. 그리고 보다 많은 사람에게도 도움이 되길 바라는 맘에 나의 책 〈기획의 정석〉에도 열심히 인용했고, 덕분에 베스트셀러가 돼서 해외에도 수출되었으니 작가님은 진정 나에게 감사하고 존경하는 '기획의 형님'이시다.

하지만 그렇다고 작가님은 다정다감하기만 한 것이 아니다.

- '콤플리트 워크Complete Work'를 하기 위해서는 뼈를 깎는 듯한 노력을 해야 한다. 하지만 뼈를 깎는 것 자체에는 아무런 의미가 없다.
- 근성으로 버티지 마라. 노력과 근성이 있다면 언젠가는 보상받을 것이라는 식의 전투 방식으로는 가치 있는 영역에 도달하지 못한다.
- 시간 단위로 생각하는지, 아웃풋 단위로 생각하는지가 래이버러Laborer와 워커worker의 차이다. 좀 더 현대적인 말로는 샐러리맨과 비즈니스맨, 나아가서는 비즈니스맨과 프로의 차이이기도 하다.

그는 무조건 열심히만 하는 건 '멍멍이'라고 이야기하는 차디찬 형이기도 하다. 멍멍이? 진짜? 어떻게 이런 말을 책에 쓸 수 있지? 처음에 책을 읽을 땐 놀랐지만 의미를 곱씹어 보니 그저 '비효율적'이라는 정도의 표현으로 끝낸 다른 책에 비해 '개처럼 열심히는 일했으나 개처럼 자기 것을 얻어가지 못하는 숱한 비효율의 현업'에서 사람들을 구해내고 싶은 작가님의 진심 어린 심정이 느껴져서 웃기고 감사했다. 동시에 그는 '그러니 이렇게 해보는 건 어때?' 하고 실제적인 방법론도 함께 알려주는 따뜻한 오빠이기도 하다.

생각해보자. 문제가 두루뭉실한데 해결책이 날카로울 수 있나? 없다. 해결책이 날카롭기 위해서는 문제부터 날카로워야 한다. 이 책이 그것을 도와준다. 필자의 개인적인 경험을 이야기하자면, 기획에 대한 관심이 깊어졌을 때 처음에는 경영전략 책을 열심히 읽다가 '아, 결국 크리에이티브도 중요하구나' 하여 동화책과 소설을 열심히 읽었고, 그러던 중 '아, 결국 이렇게 표현이 되어야 하는구나' 싶어서 디자인 계열 잡지를 열심히 읽었고, '결국 사람을 움직이는 문제구나' 하여 심리학과 인문학을 읽다가 '아, 결국 뇌에 꽂혀야 하는구나' 하여 뇌 관련 책을 많이 읽은 것이 현재 일하는 데 큰 힘이 되고 있다. 왜냐하면 단순히 기획을 하는 게 중요한 게 아니라 기획하고 계획한 것이 결국 다른 이의 뇌에 꽂혀야 하기 때문이다. 즉 잘된 기획은 '누가 남의 뇌에 강한 인상을 남길 수 있느냐'의 싸움이라고 말할 수 있다. 작가님은 이에 가장 적합한 커리어를 가지고 있다. '뇌신경과학을 연구한 과학자'이자 '맥킨지에서 일한 경영컨설턴트'이며, '야후재팬에서 고객만족경영자'로 일했기에 그의 융합적인 커리어 또한 독자에게 매우 큰 도움이 될 것이다. 개인적으로는 이 책을 나의 뇌 속에 칩으로 심어두고 시시때때로 꺼내서 보고 싶다. 이 책이 당신도 도와주길 진심으로 빌며 글을 마친다.

박신영, 〈기획의 정석〉 저자이자 기획스쿨 이사

시작하며

뛰어난 지식 생산의 공통점

내가 지금까지 만나본 압도적으로 생산성이 높은 사람에게는 공통점이 하나 있다. 일하는 속도가 10배, 20배 빠른 것은 아니라는 사실이다. 나는 이 사실을 깨닫고 나서 '그들이 남들과 어떤 점이 다른지, 지식 생산의 본질이 무엇인지'라는 질문의 답을 꽤 오랫동안 연구해왔다.

나는 10년 넘게 외국계 컨설팅 회사에서 경영 컨설턴트로 일하다가 경영의 세계를 떠나 과학자가 되어 뇌신경과학(뉴로사이언스)을 연구했다. 그리고 여기에서 또 하나 깨달은 사실이 있다. 그 분야가 경영이든 과학이든 정말로 훌륭한 지식 생산에는 공통의 방법이 있다는 것이다.

언젠가 이러한 내용을 개인 블로그에 올렸더니 생각지도 못한 반응이 있었다. 어느 주말 아침에 쓴 그 글에 수천 개의 공감 댓글이 달린 것이다. 가벼운 마음으로 적은 글인 데다가 내용도 그리 쉽지 않아서 솔직히 사람들의 반응에 많이 놀랐다. 댓글에는 '드디어 알았습니다!' '좀 더 자세히 듣고 싶어요.' 등의 내용이 많았다. 그래서 이런 내용을 많은 사람에게 공유하면 도움이 될 수 있겠다고 생각한 것이 이 책을 쓴 계기가 되었다.

세간에는 문제 해결이나 사고법을 주제로 한 책이 넘쳐난다. 그러나 대부분이 툴과 테크닉을 소개하는 내용이고, 정말로 가치 있는 아웃풋을 창출한다는 시선에서 풀어낸 책은 없다고 느꼈다. 의미 있는 아웃풋을 일정 기간 내에 창출해내야 하는 사람이 정말로 생각할 것은 무엇일까. 이 책은 바로 이 점에 초점을 맞추고 있다.

이 책에서도 몇 가지 핵심 사고법을 소개한다. 하지만 이는 단순한 노하우가 아니라 정말로 해야 하는 일을 보조하는 도구상자 정도로 생각하면 좋다. '로직 트리', 'MECE(미씨)', '프레임워크'…. 이들 모두 제대로 사용한다면 매우 강력한 툴이 된다. 하지만 단지 알고 있다고 해서 정답을 이끌어낼 순 없다. 망치를 들고 있으면 모든 것이 못으로 보이듯 목적을 모른 채 툴을 사용하는 것은 위험하다. 더군다나 아웃풋으로 무엇을 창출해야 의미가 있는지 툴에서는 그 답을 얻을 수 없다.

그렇다면 무엇이 진짜 핵심인가?

그것은 바로 '이슈'다.

'이슈'란 무엇인가. 앞으로 자세히 설명하겠지만 실제로 '무엇에 대한 답을 구할 것인가'에 흔들림 없이 임하는 것이 핵심이다.

이슈를 제대로 알고 생각함으로써 프로젝트를 압도적으로 빨리 시작할 수 있고, 혼란이 발생하는 사태를 예방할 수 있다. 목적지가 보이지 않으면 힘들지만 행선지가 보이면 힘이 솟는다. 지식 생산의 목적지는 곧 이슈다.

우리가 행하는 지식 생산에서 이슈가 어떠한 역할을 하고 어떠한 도움을 주는지, 이슈를 어떻게 판가름하고 어떻게 다룰 것인지 이 책을 통해 설명하겠다.

"지식 생산이란 애당초 무엇을 하는 것일까?"
"논문을 쓴다고 하면 무엇부터 생각해야 하나?"
"문제 해결 프로젝트는 어떻게 진행해야 하는가?"

위와 같은 하루 업무와 연구에서 불거지는 문제의 본질을 아무리 노력해도 파악할 수 없다며 답답해하는 사람들에게 조금이라도 도움이 되었으면 한다.

고민하지 않기, 고민할 시간이 있으면 생각하기

'생각하다'와 '고민하다'의 차이는 무엇일까?

나는 자주 이렇게 물어본다. 당신이라면 어떻게 답할 것인가? 내가 생각하는 이 둘의 차이는 다음과 같다.

고민하다 = 답이 안 나온다는 전제로 '생각하는 척'하는 것
생각하다 = 답이 나온다는 전제로 '건설적인 생각을 조립'하는 것

비슷한 얼굴을 하고 있지만 사실 이 둘은 전혀 다르다.

'고민하다'는 '답이 안 나온다'는 전제가 깔려 있어 아무리 해도 헛수고한 느낌밖에 남지 않는 행위다. 개인적인 문제, 즉 연인이나 가족, 친구 사이의 문제처럼 정답이 있다라기보다 계속 마주하는 것 자체가 가치 있을 것 같은 문제를 별도로 놓고 본다면 고민하는 것은 전혀 의미가 없다. 그렇지만 고민하는 것이 인간이며 그런 인간이라는 존재가 싫은 것은 아니다.

특히 일이나 연구에서 고민하는 것은 바보 같은 일이다.

일이란 무엇인가를 창출하기 위한 것이며, 변화가 생기지 않는다는 사실을 알면서도 시간을 투자하는 것은 낭비 그 이상도 이하도 아니다. 이 점을 명확하게 인식하지 않으면 '고민'하는 일을 '생각'하는 일이라고 착각해 눈 깜짝할 사이에 귀중한 시간을 낭비하게 된다.

나는 젊은이들에게 고민하고 있다고 느낀다면 곧바로 휴식을 취하고, 고민하는 자신의 모습을 알아차릴 수 있는 사람이 되자고 말한다. '당신의 똑똑한 머리로 10분 이상 진지하게 생각해도 결론이 나지 않는다면 생각을 잠시 멈추는 편이 낫다. 그때는 이미 고민 중일 가능성이 높다'는 뜻이다. 별것 아닌 듯하지만 '고민하다'와 '생각하다'의 차이를 인식하는 것은 지식 생산에 관여하는 사람에게 아주 중요하다. 비즈니스나 연구에서는 '생각'을 해야 하며 어디까지나 '답이 나온다'는 전제를 깔고 있어야 한다.

고민하지 않기는 내가 일할 때 가장 중요시하는 신념이다. 이 사실을 배운 젊은이들이 그 진정한 의미를 알고 실천에 옮길 때까지는 대개 1년쯤 걸린다. 그러나 많은 젊은이가 나의 가르침 중에 이것이 가장 깊이 있는 내용이라고 말한다.

뉴로사이언스와 마케팅 사이

책의 이해를 돕기 위해 간단히 내 소개를 하겠다.

나는 지금까지 맥킨지에서 컨설턴트로 11년 가까이 근무했다. 전문 분야는 소비자 마케팅이다. 도중에 사내 신입 컨설턴트 교육 담당자가 되어 문제 해결과 차트 작성법을 가르쳤다.

맥킨지에 입사한 것은 실로 우연한 일이었다.

나는 어릴 적부터 과학자가 되고 싶었는데, 고교 시절 이후 내 관심사의 중심에는 늘 '인간의 지각'이 있었다. '어째서 사람은 같은 경험을 해도 똑같이 느끼지 않는 것일까'와 같은 사실에 흥미가 있었고, 이러한 질문의 답을 구하기 위해 대학원에 진학하여 뇌신경계의 DNA를 이용한 연구를 진행했다. 그러나 결국 DNA만 들여다본다고 해서 내가 구하는 답에 도달할 수 있을까 하는 의문을 품었다. 이때쯤 우연히 학교 게시판에서 인턴을 모집하는 맥킨지의 구인광고를 봤고 지원서를 냈다.

'별난 사람(나)'과 '별난 회사(맥킨지)'의 궁합이 잘 맞았는지 면접을 무사히 통과했고, 일을 시작하자마자 체계적으로 정리된 맥킨지의 문제 해결법에 감명을 받았다. 내가 지향하는 과학의 세계와 근접하다고 느꼈고, 일도 재미있어서 박사 과정에 들어가지 않고 대학원을 나와 계속 맥킨지에서 일했다.

내 관심사인 '인간의 지각'과 밀접하게 관련된 '소비자 마케팅'이라는 영역과 만난 것도 행운이었다. 뇌 그 자체는 아닐지라도 사람의 지각이 어떤 것에 흔들리는지 실제 인간을 상대로 충분히 마주할 수 있었기 때문이다.

자극적인 나날을 보내면서도 과학의 세계로 돌아갔으면 하는 생각은 늘 했다. 학위를 받지 않으면 평생 후회할 것 같아 입사 4년째에 큰 결심을 하고 대학으로 돌아갈 준비를 했다. 대학 시절 은사님의 권유도 있고 해서 미국의 대학원에 진학하기로 했다. 색다른 경력이 먹혔는지 뇌신경과학, 특히 생리학 분야에서 유명한 예일 대학에 비집고 들어가는 데 성공했고 맥킨지를 퇴사했다.

대학원에서는 영어와 쫓겨나지 않기 위한 성적 유지로 고생했다. 그리고 그 이상으로 힘들었던 것이 랩(연구실) 선정이었다. '로테이션'이라고 해서 최소 3곳의 랩에 각각 1학기 이상 재적하면서 연구하는 시스템인데, 학위를 받기 위한 연구를 하려고 생각했던 세 번째 랩 지도 교수와 싸우고 그곳을 뛰쳐나왔다.

이미 유학 생활 2년 반이 지났을 때였다. 어떻게든 학위를 받으려고 다시 대학 여기저기를 돌아다닌 결과 지도 교수로서는 잘 모르겠지만 꿈이 넘치는 신임 교수 랩에 들어갈 수 있었다. 그곳에서 리스크가 높은 주제에 도전하여 인생 역전에 성공했다. 연구를 시작하고 1년 뒤 학위 심사위원회에서 'You are done!(이제 나가도 좋습니다!)'이라는 말을 듣고 논문을 탈고하고 학위를 땄다. 평균적으로 6~7년 걸리는 학위 취득을 3년 9개월 만에 마칠 수 있었던 것의 절반은 운이고, 절반은 맥킨지에서 제대로 배운 문제 해결 기술 덕분이다.

그대로 계속 과학자로 살아갈 생각이었는데 인생은 역시 모른다. 2001년 9월 11일 미국에 테러가 일어났다. 당시 나는 맨해튼에서 차로 30분 거리에 살고 있었다. 차를 타고 맨해튼으로 이어지는 다리를 건너는데 그 자리에 있어야 할 트윈 타워가 흔적도 없이 사라졌다. 지하철을 타면 누군가가 울기 시작했고 잇달아 울음을 터뜨렸다. 그때까지 상상도 하지 못했던 이상한 나날에 내 신경은 완전히 쇠약해졌다. 가족이 있는 일본으로 귀국하기로 결정하고 맥킨지에 복귀했다. 다시 마케팅 세계로 돌아와 일하면서 사내 교육도 병행하던 차에 2008년 인연이 닿아 야후 재팬으로 이직해 다양한 경영 과제에 관여하는 한편 새로운 고객 시점 서비스 창출을 도모했다.

이제 과학자와 컨설턴트, 비즈니스 현장이라는 독특한 경험의 조합에서 배운 것 중 정말로 중요한 진수를 여러분에게 전달하겠다.

그럼 시작해보자!

차례

Part 2. 가설 다루기 ①

이슈 분해와 스토리라인 짜기

Part 3. 가설 다루기 ②

그림 콘티로 스토리 작성하기

Part 4. 아웃풋 다루기

실제 분석 진행하기

Part 5. 메시지 다루기

전달할 것 정리하기

한 사람의 과학자가 한평생 연구할 수 있는 시간은 매우 제한적이다. 반면 연구 주제는 널리고 널렸다. 좀 재미있을 것 같다며 주제를 고르고 있다가는 정말로 중요한 일을 할 시간도 없이 인생은 끝난다.

-1987년 노벨 생리의학상 수상자,
도네가와 스스무, <정신과 물질> 중에서

이 책의 사고법

탈
멍멍이 길

상식 버리기

이 책에서 소개할 사고법은 세간의 일반적인 생각과는 다른 점이 많다. 무엇보다 중요한 점은 일반 상식을 버리는 것이다. 이 책의 사고법 중 대표적인 것을 아래에 나열했다. 지금은 대체 무슨 말인지 어리둥절하겠지만 한번 읽어보고 실천하면 분명 이해할 수 있다.

- ○ 문제를 해결하기보다 문제를 판단하기
- ○ 해답의 질을 높이기보다 이슈의 질을 높이기
- ○ 알면 알수록 지혜가 샘솟기보다 너무 많이 알면 바보가 된다는 것
- ○ 하나하나를 빨리 하기보다 할 일을 줄이기

○ 숫자의 자릿수에 집착하기보다 답을 구할 수 있는지에 집착하기

문장의 앞쪽이 일반적인 사고방식이고 뒤쪽이 이 책에서 소개할 사고법이다. 단순히 생산성 향상을 위해 효율을 중시하는 접근법, 즉 라이프해크LifeHack와는 초점이 다르다는 점을 이해하자.

가치 있는 일이란 무엇인가

생산성을 올리기 위해서는 먼저 '생산성'이 무엇인지 생각해야 한다. 온라인 백과사전 위키피디아 일본어판에는 "경제학에서 생산 활동에 대한 생산 요소(노동, 자본 등)의 기여도, 혹은 자원에서 부가가치를 창출할 때의 효율의 정도"로 나와 있는데 무슨 말인지 당최 모르겠다.

이 책에서 말하는 생산성의 정의는 '얼마만큼의 인풋(투자한 노력과 시간)으로 얼마만큼의 아웃풋(성과)을 창출했는지'로 간단하게 정리된다. 수식으로 표현하면 다음과 같다.

그림 1 **생산성 공식**

$$\text{생산성} = \frac{\text{아웃풋}}{\text{인풋}} = \frac{\text{성과}}{\text{투자한 노력·시간}}$$

생산성을 올리고 싶다면 동등한 아웃풋을 창출하기 위한 노력과 시간을 줄여야 한다. 혹은 동등한 노력과 시간으로 보다 많은 아웃풋을 창출해야 한다. 여기까지는 다 아는 사실이다.

그렇다면 '많은 아웃풋'이란 무엇일까? 다시 말해 비즈니스맨이라면 제대로 대가를 받을 수 있는, 연구자라면 연구비를 받을 수 있는 '의미 있는 일'이란 무엇일까?

내가 근무한 컨설팅 회사에서는 의미 있는 일을 '가치 있는 일'이라고 불렀다. 전문가는 이 사실을 명확하게 인식해야 한다. 전문가란 특별하게 훈련된 기술을 지니고 있을 뿐만 아니라 이를 기초로 고객에게서 대가를 받으며 의미 있는 아웃풋을 제공하는 사람을 말한다. 즉 '가치 있는 일이란' 이 질문에 답을 못하면 생산성을 올릴 방도가 없다는 뜻이 된다.

1분쯤 시간을 내서 차분히 생각하길 바란다.

"전문가에게 가치 있는 일이란 무엇일까?"

어떻게 생각하는가?

나는 지금까지 많은 사람에게 이 질문을 건넸다. 그러나 명쾌한 대답이 나오는 경우는 많지 않았다. 자주 있던 대답은 다음과 같다.

○ 질 높은 일

○ 정성스러운 일

○ 나 외에는 아무도 할 수 없는 일

모두 맞는 말이긴 하지만 본질을 꿰뚫었다고는 할 수 없다.

질 높은 일이란 '가치'를 '질'로 바꾸어 말한 것일 뿐이다. 그렇다면 질은 무엇이냐는 비슷한 질문으로 돌아가 버린다. 정성스러운 일 역시 정성스럽기만 하면 무슨 일이든지 가치 있는 일이라고 하기에는 무리가 있다. 마지막으로 아무도 할 수 없는 일은 일반적으로 거의 가치를 지니지 않는 일이다. 가치가 없기 때문에 아무도 하지 않았던 것이다.

위의 대답은 질문의 본질 절반에도 미치지 못한다.

"가치 있는 일이란 무엇인가?"

내가 생각하기에는 가치의 본질은 두 개의 축으로 성립된다.

'이슈의 정도'와 '해답의 질'이다. 전자를 가로축, 후자를 세로축으로 하는 그래프를 그려보면 다음과 같다.

그림 2 가치 그래프

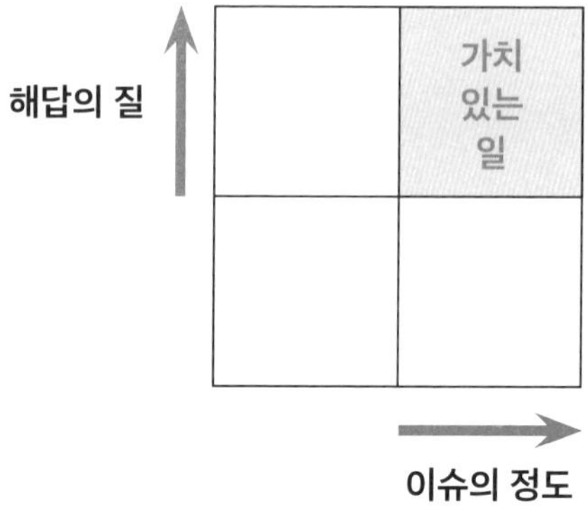

앞에서 나왔지만 '이슈'라는 말이 익숙하지 않은 사람도 있을 것이다. 사전에서 영어 issue를 검색하면 많은 정의가 나온다. 내가 말하는 이슈는 다음의 정의에 해당한다.

그림 3 이슈의 정의

A. a matter that is in dispute between two or more parties
두 개 이상의 집단 사이에서 결론이 나지 않은 문제

B. a vital or unsettled matter
근본에 관한 혹은 흑백이 분명하지 않은 문제

A와 B의 조건을 모두 충족시키면 이슈라고 할 수 있다.

따라서 내가 생각하는 이슈의 정도는 '자신이 놓인 상황에서 문제의 답을 구할 필요성의 크기'이며, 해답의 질이란 '그 이슈에 얼마나 명확하게 해답을 구했는가의 정도'이다.

가치 그래프로 보면 그래프의 1사분면에 속하는 것이 '가치 있는 일'인데 오른쪽 위로 갈수록 가치가 올라간다. 가치 있는 일을 하기 위해서는 착수할 주제의 이슈의 정도와 해답의 질 모두를 높여야 한다. 문제 해결을 담당하는 전문가가 되려면 이 그래프를 항상 염두에 두어야 한다.

대다수 사람은 그래프의 세로축인 해답의 질이 업무의 가치를 결정한다고 생각한다. 그리고 가로축인 이슈의 정도, 즉 '과제의 질'에는 큰 관심을 두지 않는다. 그러나 정말로 가치 있는 일을 해서 이 세상에 의미 있는 임팩트를 주고자 한다거나 정말로 돈을 벌고 싶다면 이 이슈의 정도가 매우 중요하다.

왜냐하면 이슈의 정도가 낮은 일은 해답의 질이 아무리 높아도 수익자, 다시 말해 고객과 평가자의 시선에서 보는 가치가 제로에 가깝기 때문이다.

들어서지 말아야 할 멍멍이 길

그렇다면 어떻게 하면 가치 있는 일, 즉 그래프의 오른쪽 위에 해당하는 일을 할 수 있을까? 일이나 연구를 시작할 때는 모두 왼쪽 아래에서 시작한다.

이때 절대로 범해서는 안 되는 오류는 미친듯이 많은 일을 해서 오른쪽 위로 가고자 하는 것이다. 노동량으로 위로 올라가 왼쪽으로 돌아서 1사분면에 도착하는 접근 방식을 나는 '멍멍이 길'이라고 부른다.

지금부터는 중요하기 때문에 꼼꼼하게 읽어주길 바란다.

"사람들이 문제라고 생각하는 것의 대부분은 사실 비즈니스나 연구를 진행할 때 반드시 고려해야 할 사항이 아니다. 사람들이 생

그림 4 멍멍이 길

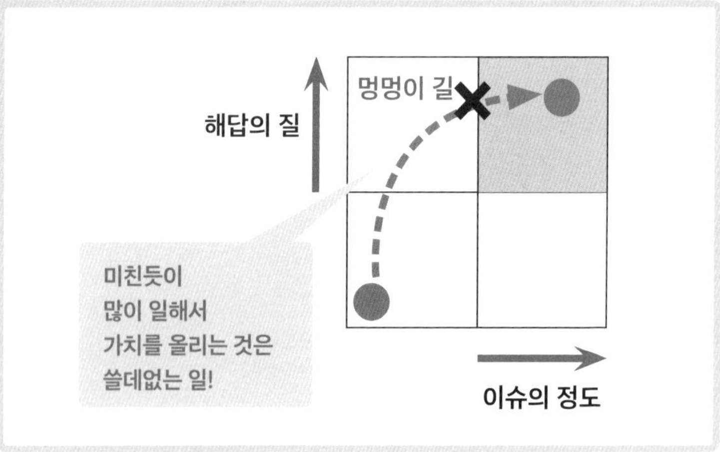

각하는 문제라는 것의 전체를 100이라고 한다면 그 상황에서 정말로 흑백을 분명하게 가려야 하는 문제는 기껏해야 두세 개에 지나지 않는다."

그래프의 가로축인 이슈의 정도가 낮은 문제에 온 힘을 쏟아 해답을 구했는데 결국 가치가 오르지 않으면 피폐해질 뿐이다. 노력과 근성이 있다면 언젠가는 보상받을 것이라는 식의 전투 방식으로는 언제까지나 1사분면의 가치 있는 일 영역에 도달하지 못한다.

또 하나의 변수인 세로축, 즉 해답의 질을 생각해보자.

이 역시 일을 막 시작했을 때는 일반적으로 낮은 위치에 있다. 지금까지 많은 사람이 성장하는 모습을 지켜보았는데 첫 단계에서는 100개 중 고작 한두 개만 성과로 이어지는 경우가 많았다.

나도 그랬다. 맥킨지에서의 첫 프로젝트를 떠올려보면 매일 많은 분석을 하고 10~20장의 차트를 작성했다. 수개월의 프로젝트 기간 중 400장 정도의 차트를 작성했는데 최종 보고까지 올라간 것은 다섯 장뿐이었다. 최종 아웃풋으로 이어진 비율은 1퍼센트에 불과했다. 나 같은 경우는 가로축의 이슈의 정도는 상사가 엄선한 것이었기에 내가 관여한 세로축의 해답의 질이 수율 1퍼센트였던 것이다.

따라서 아무것도 생각하지 않고 무턱대고 계속 일하면 이슈의

그림 5 훈련받지 않은 상태에서의 이슈의 정도와 해답의 질 분석 이미지

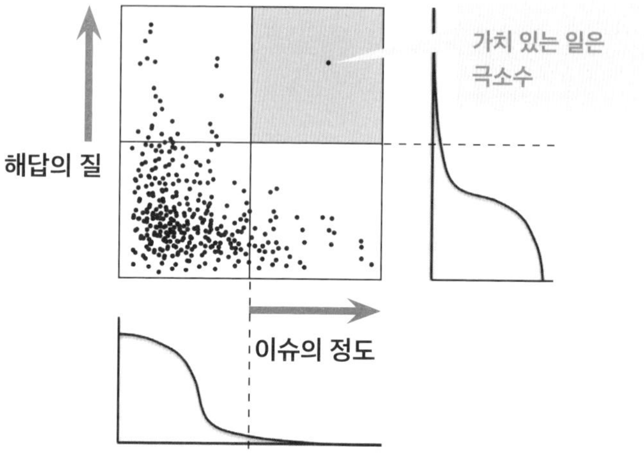

정도와 해답의 질이라는 양 축의 관점에서 가치 있는 일까지 도달할 리 만무하다. 양 축이 각각 1퍼센트의 성공률을 보인다면 이 둘이 동시에 성공할 확률은 0.01퍼센트, 즉 만에 하나의 꼴로만 제대로 된 가치 있는 일이 나타난다는 뜻이다.

이대로라면 가치 있는 일은 영원히 창출할 수 없을 뿐더러 변화를 일으킬 수도 없다. 헛수고했다는 허무함만이 남을 뿐이다. 게다가 많은 일이 질 낮은 아웃풋으로 이어지면서 점점 멍멍이 길이 되고 완성도가 떨어져 질 높은 일을 창출할 가능성이 낮아진다. 즉 멍

멍이 길을 계속 가다 보면 실패자가 된다.

백번 양보해서 당신이 남들보다 우월한 체력과 근성을 가지고 멍멍이 길을 통해 성장할 수 있었다고 치자. 그러면 당신은 부하직원에게 같은 방법으로만 일을 가르칠 것이다. 리더로서는 대성할 수 없다는 말이다. 따라서 단순한 노력만으로 1사분면의 가치 있는 일 영역에 도달할 일은 거의 없다. 그 길을 가는 것은 당신이 미래의 리더가 되는 싹을 짓밟는 행위이기도 하다.

진심으로 오른쪽 위 영역에 근접하고 싶다면 취해야 할 태도는 명백하다. 먼저 가로축의 이슈의 정도를 올린 다음 세로축의 해답의 질을 올리는 것이다. 다시 말해 멍멍이 길과는 반대 방향인 오른쪽으로 돌아서 접근해야 한다. 먼저 비즈니스와 연구 활동 대상을 의미 있는 것, 즉 이슈의 정도가 높은 문제로 철저하게 좁혀 보자.

단번에 핵심 문제로까지 줄이지는 못하더라도 10분의 1로 줄일 수는 있을 것이다. 일을 막 시작한 단계라 이러한 판단을 하기 어렵다면 상사나 지도 교수에게 물어보자. “제가 생각하는 문제 중에 바로 지금 정말로 답을 구해야 할 가치 있는 것은 무엇일까요?”라고 말이다. 제대로 된 상사나 지도 교수라면 판단이 가능할 것이다. 이와 같은 방법으로 문제 하나에 투자할 수 있는 시간은 10~20배로 손쉽게 늘어난다.

다음으로 줄어든 문제 중에서도 특히 이슈의 정도가 높은 문제부터 착수한다. 이때 해결하기 쉽거나 착수하기 편한 요인에 유혹되어서는 안 된다. 어디까지나 이슈의 정도가 높은 문제부터 시작해야 한다.

훈련받지 않은 상태에서의 아웃풋은 앞의 그림처럼 퍼져 있다. 따라서 해답의 질을 높이기 위해서는 먼저 각각의 이슈에 검토 시간을 충분히 확보해야 한다.

나도 그랬지만 처음에는 질이 낮다거나 요구 수준에 도달하지 못했다는 말을 들어도 그 의미가 와닿지 않는다. 그러나 좁히고 좁힌 이슈에 검토와 분석을 되풀이하다 보면 수십 번에 한 번 정도는 바람직한 것이 나타난다. 바람직한 일을 하고 주위에서 좋은 피드백을 받으면 비로소 해답의 질을 배울 수 있다. 반복해서 성공을 경험하고 차츰 요령을 익혀 나가다 보면 열 번에 한 번, 다섯 번에 한 번 꼴로 일정 수준 이상의 쓸 만한 해답을 도출할 확률이 높아진다.

이 방법을 활용하기 위해서는 반드시 첫 단계, 이슈의 정도가 높은 문제로 좁히고 좁혀 시간을 절약해야 한다는 사실을 이제 이해할 수 있을 것이다. 이것저것 마구잡이로 하면 성공할 수 없다. 죽을힘을 다한다 하더라도 일을 잘하는 사람이 될 수 없다. 일단 쓰러질 때까지 해보자는 식의 발상은 '이슈에서 시작하기' 세계에서 필요악

그림 6 탈 멍멍이 길

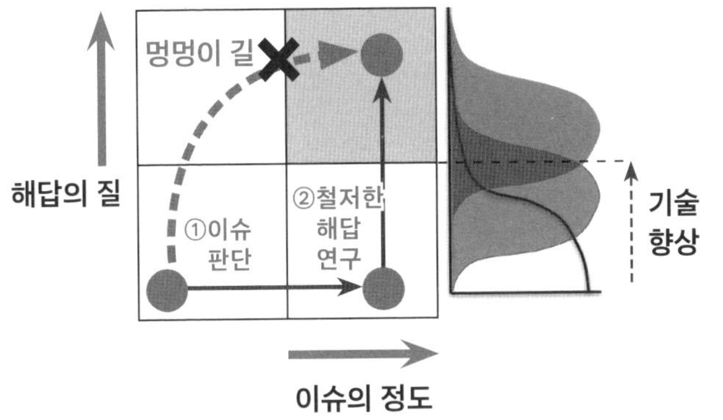

이다. 의미 없는 일을 빨리 그만두는 것이 가장 중요하다.

계속해서 토끼뜀을 한다고 해서 손흥민 같은 선수가 될 수 없다. '올바른 문제'에 집중한 '올바른 훈련'만이 성장을 위한 열쇠다.

압도적으로 생산성이 높은 사람의 접근법

가치 있는 일의 본질을 알았다면 다음으로 가치 있는 일을 창출하는 과정을 생각해보자. 압도적으로 생산성이 높은 사람은 어떻게 문제를 다루고 있는가 하는 부분이다.

먼저 아무 생각 없이 비즈니스나 연구를 진행하면 어떻게 되는지 보자.

월요일에서 금요일까지 5일간 한 주제를 정리해야 한다. 그때 다음과 같은 일이 자주 발생하지 않는가?

월요일 … 해결 방법을 모른 채 쩔쩔맨다

화요일 … 여전히 쩔쩔맨다

수요일 … 일단 도움이 될 만한 정보와 자료를 긁어모은다

목요일 … 계속해서 긁어모은다

금요일 … 산처럼 쌓인 자료에 파묻혀 또다시 쩔쩔맨다

그렇다면 압도적으로 생산성이 높은 '이슈에서 시작하기' 접근법으로 시작하면 어떻게 될까. 일주일 만에 아웃풋을 내야 하는 경우라면 다음과 같이 작업을 할당한다.(괄호 안은 이 책에서 설명할 차례 구성이다)

그렇지만 경험이 많은 사람이라도 이 사이클을 한 번 돌렸다고 해서 갑자기 높은 수준의 아웃풋을 창출하기는 어렵다. 중요한 점은 이 사이클을 재빨리 여러 번 돌리는 것이다. 바로 이것이 생산성을 높이는 핵심 사항이다. 사이클을 돌려 한층 심도 깊은 논점이 보인다면 그것을 바탕으로 다시 사이클을 돌린다.

그림 7 **이슈에서 시작하기 접근법**

이슈 다루기 (1장)	지금 답을 구해야 할 문제 = 이슈를 판단한다	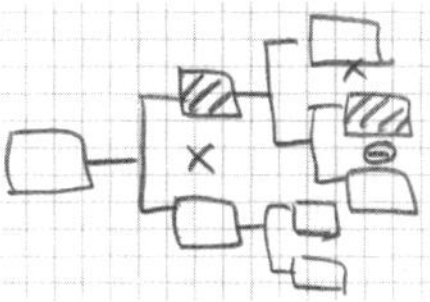	월요일
가설 다루기 ① (2장)	이슈를 가능한 작게 분해하고, 이에 근거하여 스토리의 흐름을 정리한다	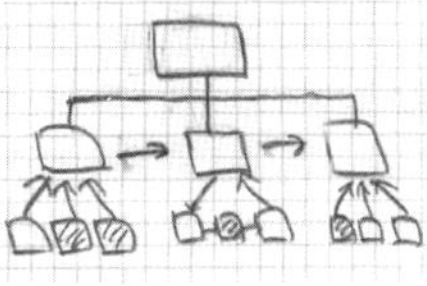	화요일
가설 다루기 ② (3장)	스토리를 검증하기 위해 필요한 아웃풋 이미지를 그려 분석을 설계한다		화요일
아웃풋 다루기 (4장)	스토리의 골격을 근거로 차근차근 검증한다	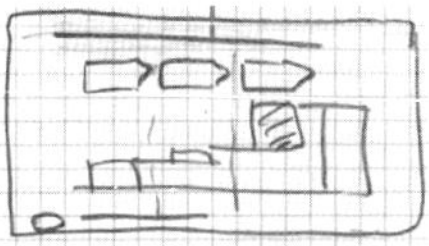	수·목요일
메시지 다루기 (5장)	논거와 구조를 다듬으면서 보고서나 논문을 완성한다		금요일

근성으로 버티지 마라

함께 일하는 신입에게 내 경험을 바탕으로 자주 하는 조언이 하나 더 있다. 바로 근성으로 버티지 마라는 것이다.

일하는 시간 따위는 아무래도 상관없다. 그저 가치 있는 아웃풋을 창출하면 된다. 하루에 5분밖에 일하지 않더라도 원하는 수준 이상의 아웃풋을 일정에 따라 혹은 그보다 빨리 창출했다면 아무 문제가 없다. '열심히 하고 있다', '어제도 밤을 샜다'와 같은 노력은 가치 있는 일을 요구하는 세계에서는 필요 없다. 가장 안 좋은 것은 연일 야근이나 휴일 출근을 하지만 주위에서 '뭐, 이 정도 수준의 아웃풋이면 정규 시간에만 일해도 되지 않았나'라고 생각하게 만드는 패턴이다.

이렇게 말하는 나 역시 막 일을 시작한 20대 때는 비틀거릴 때까지 일하지 않으면 일한 것 같은 느낌이 나지 않아 꽤 많은 시간을 낭비했다. 체력적인 여유가 있을 때는 이런 근무 방식도 나름 괜찮다. 하지만 결국 이것은 자기만족에 지나지 않고 본인의 체력적 한계를 가늠하는 작업밖에 되지 않는다. 꾸준히 가치 있는 일을 하면서 높은 질을 유지할 수 있다면 대충 일해도 전혀 문제되지 않는다. 다른 사람에게 물어봐서 해결되는 일이면 물어보면 되고, 지금보다 간단한 방법으로 할 수 있는 일이면 그렇게 하면 된다.

이렇게 시간 단위로 생각하는지, 아웃풋 단위로 생각하는지가 래이버러laborer와 워커worker의 차이다. 좀 더 현대적인 말로는 샐러리맨과 비즈니스맨, 나아가서는 비즈니스맨과 프로의 차이이기도 하다.

원래 육체 노동자를 의미하는 래이버러는 특정 작업을 실시하는 구속 시간에 따라 급여를 받는 사람을 지칭하는 말이다. 시간을 기준으로 급여를 받는 샐러리맨이라는 말 자체는 현대적이지만 사실 그 의미는 상당 부분 래이버러와 비슷하다. 샐러리맨이라는 말과 뗄 수 없는 야근, 임금 협상의 개념 역시 래이버러와 같다.

비즈니스맨의 본래 의미는 회사에 고용되어 있지만 경영이나 본인의 일에 주도권을 갖는 사람이다. 근태를 관리하기는 하지만 본질적으로 노동 시간이 아닌 경영 활동, 하루하루의 비즈니스 활동을 통한 아웃풋으로 평가받는다.

그리고 프로는 특정 훈련으로 습득한 체계적인 기술로 특정 가치를 제공하며, 특정 고객에게서 보수를 받는 사람이다. 제공하는 서비스는 어디까지나 고객에 대한 가치다. 따라서 시간당 인건비를 청구하는 변호사나 컨설턴트라 하더라도 그 대가는 개개인의 기술 수준, 즉 각각의 존재가 가져오는 가치의 크기에 따라 큰 차이가 있다.

'쓰러질 때까지 일한다', '노동 시간으로 승부한다'는 것은 여기에서 말하는 래이버러식 발상이다. 이런 사고방식을 가지고 있는 한 압도적으로 생산성이 높은 사람이 될 수 없다. 동등한 노력과 시간으로 얼마나 많은 아웃풋을 창출하는지가 생산성의 정의다.

프로가 일하는 방식은 노동 시간이 길수록 돈을 많이 받는 래이버러나 샐러리맨식 발상과는 극과 극이다. 일하는 시간이 아니라 얼마나 변화를 초래하는지에 따라 대가를 받고 평가받는다. 혹은 얼마나 의미 있는 아웃풋을 창출하는지에 따라 존재 의의가 결정된다. 이런 전문가적인 삶의 방식으로 모드를 전환하는 것이 높은 생산성을 창출하기 위한 기본이라고 할 수 있다.

칼럼

곱씹기를 중요시하자

표층적인 논리 사고에 빠지지 않았는가?

최근 몇 년간 머리는 좋지만 반응이 디지털적이고 깊이가 없다는 사람을 많이 만났다. 모든 것을 단순한 표층적 정보로 인식해서 그 상태 그대로 처리하는 듯한 인상을 주는 사람들이다. 이런 사람들은 일도 빨리 처리하고 대답도 시원시원하다. 하지만 이야기를 나누다 보면 제대로 이해하고 있는지 불안감을 느낀다. 이해하고 공감하는 능력이 너무 떨어지기 때문이다.

내가 이런 지적을 하면 상대는 정색하고 무슨 말인지 모르겠으니 알아듣게 말해달라고 한다. 나는 그럴 때마다 설명을 해준다. 이런 일을 천 번 반복하다 보면 그중 몇 번은 의미 있는 변화로 이어질 수도 있다고 생각하기 때문이다.

"자신의 머리로 생각하기."

기본적인 지성을 지닌 사람이 올바른 훈련을 받는다면 이것 자체는 그리 어려운 일이 아니다. 무슨 일이든지 수동적으로 받아들이지 말고 자신의 눈으로 확인한 사실에 기초하여 세계관을 형성하면 된다. 다만 정보 하나하나의 중요성이나 중층성, 관련성을 제대로 인식하지 않으면 반드시 언젠가는 곤란한 상황에 부딪힌다.

논리에만 의지하면서 단락적이고 표층적으로 생각하는 사람은 위험하다.

이 세상에는 '로지컬 싱킹logical thinking', '프레임워크 사고' 등의 문제 해결 툴이 넘쳐난다. 하지만 유감스럽게도 문제는 이런 툴만으로 절대로 해결할 수 없다.

문제와 마주할 때는 각각의 정보에서 복합적인 의미를 충분히 생각해내야 한다. 그런 복합적인 의미를 제대로 잡기 위해서는 주위의 이야기뿐 아니라 직접 현장에 나가 1차 정보를 파악할 필요가 있다. 그리고 더 어려운 것은 그렇게 얻은 정보를 나름대로 느끼는 것인데, 이 부분의 중요성은 그 많은 책에서 거의 언급하지 않는다.

'1차 정보를 사수하라'는 말은 나의 대선배가 알려준 가르침이다.

현장에서 정보를 접할 때 얼마나 깊이 있는 정보를 얻는지가 그 사람의 기본 능력을 판단하는 잣대가 된다. 판단 척도 혹은 메타 레벨의 프레임워크 구축력이 요구되는데 이런 능력은 하루아침에 익힐 수 없다. 지능이나 학력은 높으면서도 지성을 느끼지 못하는 사람이 이상하게 많은 것은 이 능력의 중요성이 잊히고 있기 때문이다.

깊은 이해에는 나름의 시간이 필요하다

뇌는 스스로 의미 있다고 생각하는 것만 인지한다. 그리고 의미 있다는 판단은 그러한 일이 의미 있는 장면에 얼마나 많이 접했는지에 따라 결정된다.

태어난 지 얼마 안 된 고양이를 세로줄무늬만 있는 공간에서 키우면 그 고양이는 가로줄을 못 보게 된다는 유명한 실험이 있다. 결과적으로 이 고양이를 네모난 테이블에 올려놓으면 가로줄의 끄트머리가 보이지 않기 때문에 테이블에서 떨어진다. 이는 지금까지 처리해온 정보가 뇌의 회로 형성 자체에 영향을 미친 경우다. 뇌가 특정 정보 처리를 할 수 있다는 것은 '특정 인식이 발생한다'는 것이며, 이는 결국 '특정한 일에 관한 정보 처리 회로가 활성화되어 있다'는 뜻이다.

의뢰받은 상품의 전략을 짤 때 시장과 경쟁 상품의 정보뿐 아니라 제조 과정, 자재 조달, 물류, 판매 등의 구체적인 그림을 그리고,

나아가서는 변화가 일어났을 때의 영향까지 추정하는 능력이 없다면 올바른 판단을 할 수 없다. 문제 해결 장면에서는 조직의 역사적 경위나 역학도 알아야 한다. 그리고 이런 요소를 익히기 위해서는 상당한 세월이 필요하다. 과학 연구 분야도 마찬가지다. 현재 알고 있는 것, 최근에 발견한 것과 그 의미 등 대치하는 문제를 심도 있는 문맥에 따라 이해할 수 있는지가 관건이다.

이 책을 읽는 당신은 정보를 곱씹는 사람, 즉 다양한 의미, 가치, 중요성을 올바르게 이해할 수 있는 사람이었으면 한다. 그리고 표면적인 논리만으로 생각한 척하는 사람이 되지 않도록 유의하기 바란다.

페르미는 수학에도 뛰어났다. 필요하다면 복잡한 수학을 구사할 수도 있었겠지만 그는 그전에 그럴 필요가 있는지 확인하려 했다. 최소한의 노력과 수학적 도구로 좋은 결과에 도달하는 달인이었다.

-1967년 노벨 물리학상 수상자, 한스 베테

Part 1

이슈 다루기

해결하기 전에 판단하기

이슈 판단하기

앞에서 소개한 '멍멍이 길'로 들어서지 않기 위해서는 이슈를 올바르게 판단해야 한다. 이것저것 검토하는 것부터 시작하지 말고 갑작스럽겠지만 이슈 판단부터 시작하는 것이 비결이다. '무엇에 대한 답을 구해야 하는가' 하는 논의에서 시작해서 '이를 위해 무엇을 분명히 해야 하는가' 하는 흐름으로 분석을 설계한다. 분석 결과가 생각했던 것과는 다르다 해도 결국 의미 있는 아웃풋으로 이어질 확률이 높다. 향후 검토에 크게 영향을 미칠 어떤 답을 구했다면 비즈니스에서나 연구에서나 분명 진일보할 것이기 때문이다.

문제는 '해결해야 하는 것'이라고 생각하기 쉽지만 일단은 정말로 풀어야 하는 문제, 즉 이슈를 '판단하는 것'이 중요하다. 그러나 이는 인간의 본능에 반하는 접근법이기도 하다. 자세한 사항을 전혀 모르는 단계에서 최종적으로 무엇을 전달하고자 하는지를 명확하게 표현하라고 했을 때 제대로 생각하는 사람일수록 이 상황을 생리적으로 불편하게 느낀다. 따라서 '하다 보면 알겠지' 하고 흘러가는 대로 두는 방법이 만연하는데 이것은 낭비가 크고 생산성이 떨어지는 접근법이다. 마찬가지로 '안 해봐도 안다'며 이슈를 판단하는 단계를 건너뛰는 것도 실패의 근원이다.

무엇에 대한 답을 구할지 이슈를 명확하게 한 다음 문제 해결에 착수하지 않으면 나중에 반드시 혼란이 생겨 목적 의식이 흔들리면서 많은 낭비가 발생한다. 비즈니스에서나 연구에서나 홀로 추진하는 일은 거의 없다. 팀 내에서 무엇을 위한 활동인지 의견을 통일하고 되돌아갈 장소를 만들어둔다. 한 번이 부족하다면 여러 번 논의한다. 이는 프로젝트 도중이라 해도 마찬가지다. 생산성이 떨어진 경우에는 팀 전원이 이슈에 대한 인식을 되새긴다. 처음으로 돌아가서 '애초에 무엇에 대한 답을 구하는 프로젝트였는가' 하는 점을 정리한다. 그리고 그것이 바로 그 시점에도 동료를 북돋울 수 있는지, 동료의 인식이 서로 어긋나지는 않았는지 재확인한다.

상담할 상대를 찾아라

업무든 연구든 경험이 부족한 단계에서는 이슈를 혼자 판단하는 것을 권하지 않는다. 검증만 되면 엄청날 것 같은 아이디어는 얼마든지 나오겠지만 그것이 정말로 상대에게 강렬한 임팩트를 주는지는 해당 영역을 어지간히 잘 아는 사람이 아니면 알기 어렵기 때문이다. 심지어는 자신이 말하고 싶은 것을 검증하기 위해 어떤 분석과 증명이 필요한지도 모를 것이다. 설령 거기까지는 안다고 해도 실제로 설득력 있는 형태로 검증할 수단이 없다면 의미가 없다.

이슈를 판단하기 위해서는 실제로 임팩트가 있는지, 설득력 있는 형태로 검증할 수 있는지, 상정하고 있는 상대에게 아이디어를 전달할 수 있는지를 판단해야 한다. 이를 위해서는 어느 정도의 경험과 판단력이 필요하다.

따라서 의지할 수 있는 상담역에게 확인하는 것이 빠른 길이다. 노련하고 지혜로운 사람, 그 과제 영역에 직접적인 경험이 있는 사람의 식견이 빛을 발한다.

컨설팅 회사에서는 팀 내에 베테랑 컨설턴트가 있고, 미국 대학원에서는 지도 교수를 포함한 학위 심사위원회가 그 역할을 한다. 특정 조직에 소속되지 않더라도 검토 주제별로 믿고 상담할 수 있는 상대를 찾기 바란다.

비즈니스맨이나 학생의 경우에도 논문, 기사, 서적, 블로그에서 이 사람이다 싶은 상담역을 발견하면 과감하게 상담을 신청해보자. 연구소나 싱크탱크와 같은 기관에도 의견을 물을 만한 전문가가 많다. 실제로 이러한 지식 검색창 같은 사람을 찾을 수 있느냐가 우수한 사람과 그렇지 않은 사람의 현저한 차이로 나타난다.

가설 세우기

분명한 태도를 취하는 것이 무엇보다 중요

'이런 느낌으로 정해야지' 하고 주제를 정리하는 정도에서 이슈 판단을 그만두는 경우가 많은데 이 정도로는 안 된다. 실제 검토를 시작한 뒤에 또다시 이슈가 무엇인지로 되돌아간다면 아무리 시간이 많아도 부족하다. 이와 같은 상황을 피하기 위해서는 억지로라도 미리 구체적인 가설을 세우는 것이 중요하다. 해보지 않으면 모른다는 둥 이런 말은 절대로 하지 말자. 이 시점에서 얼마나 끈질기게 붙잡고 늘어지느냐에 따라 나중에 큰 차이가 발생한다.

왜 그럴까? 그 이유는 세 가지다.

첫째. 이슈의 답을 구할 수 있다.

처음부터 분명한 태도를 취해 구체적인 가설을 세우지 않으면 답을 구할 수 있는 수준의 이슈가 되지 않는다. '○○의 시장 규모는?'은 단순한 설문에 지나지 않는다. 여기에서 '○○의 시장 규모가 축소되기 시작한 것은 아닐까?'와 같은 가설을 세우면 비로소 답을 구할 수 있는 이슈가 된다. 가설은 단순한 설문을 이슈로 만든다.

둘째. 필요한 정보와 분석해야 하는 사항을 알 수 있다.

가설을 세우지 않으면 본인이 어느 정도 수준의 사항을 논거해 답을 구하고자 하는지가 명확해지지 않고, 그것이 명확해지지 않았다는 사실조차 깨닫지 못한다. 가설을 세워야만 정말로 필요한 정보와 분석을 알 수 있다.

셋째. 분석 결과의 해석이 명확해진다.

가설 없이 분석을 시작한 경우는 도출한 결과가 충분한지 판단할 수 없다. 결국 헛수고만 하게 된다.

회사에서는 '새로운 회계 기준을 한번 조사해봐요.'라는 식으로 업무 지시를 내리는 경우가 종종 있다. 그러나 이런 방식으로는 대체 무엇을 얼마나, 어떤 수준으로 조사해야 하는지 전혀 알 수가 없다. 여기에서 가설이 등장한다.

○ 새로운 회계 기준에서는 자사 이익이 크게 줄어들 가능성이 있지 않을까?
○ 새로운 회계 기준에서는 자사 이익에 미치는 영향이 연간 100억 원은 되지 않을까?
○ 새로운 회계 기준에서는 경쟁사 이익이 변동되어 자사의 상대적 지위가 낮아지지 않을까?
○ 새로운 회계 기준에서는 각 사업의 회계 관리와 사무 처리에 유의점이 생기니까 부정적인 영향을 최소한으로 줄일 수 있지 않을까?

이 정도 수준의 가설을 세워서 일을 맡기면 업무 지시를 받은 사람도 자신이 무엇을 얼마나 조사해야 하는지 분명해진다. 답을 구해야 하는 이슈에 대한 가설 역시 명확하게 함으로써 불필요한 작업이 크게 줄어든다. 결국 생산성이 오르는 것이다.

무엇이든지 언어로 표현하기

이슈를 확인하고 가설을 세웠다면 다음은 '언어화'다.

'이것이 이슈일까? 이 부분을 확인해야 할까?' 하고 생각했다면 곧바로 언어로 표현하는 것이 중요하다.

왜 그럴까? 이슈를 언어로 표현함으로써 비로소 자신이 그 이슈를 어떻게 받아들이고 있는지, 무엇과 무엇에 관한 분기점을 분명하게 하려는지가 명확해지기 때문이다. 언어로 표현하지 않으면 자신뿐 아니라 팀 내에서도 오해가 생기고, 그것은 결과적으로 큰 균열과 낭비로 이어진다.

이슈와 가설은 반드시 종이나 전자 문서에 언어로 표현한다. 당연하게 생각할 수 있지만 대개의 경우는 잘하지 못한다. 왜 언어로 표현할 수 없는 걸까. 결국 따지고 보면 이슈 판단과 가설 설정에 안이했기 때문이다. 언어로 나타내면 최종적으로 말하고 싶은 내용이 얼마나 많이 반영되어 있는지 알 수 있다. 언어로 표현할 때 막히는 부분은 이슈로써 제대로 판단하지 않은 부분이고, 제대로 된 가설 설정 없이 작업을 진행하고자 하는 부분이기도 하다.

내가 '반드시 언어로 표현하자, 언어화하는 작업에 병적으로까지 집착하자'고 말하면 놀라는 사람이 많다. 나를 이과형, 분석형 인간이라고 생각했는데 그런 내가 언어를 중시하자고 말하는 것이 다소 의외인가 보다.

이것 역시 이슈에 근거하는 사고의 본질을 오해하고 있기 때문이다.

인간은 언어화하지 않는 한 개념을 정리할 수 없다. 그림이나 도표는 이미지를 파악하는 데는 유용하지만 개념을 제대로 정의하기에는 언어만이 가능한 영역이다. 언어(수식, 화학식 포함)는 적어도 수천 년 동안 인간이 만들어내고 다듬어온 현재로서는 가장 버그가 적은 사고 표현의 툴이다. 인간이 언어를 사용하지 않고 명석한 사고를 하는 것은 어렵다.

시각적 사고형인 사람은 이슈의 언어화가 특히 중요하다.

사람은 시각적인 이미지로 생각하는 유형인 '시각적 사고형'과 언어로 생각하는 유형인 '언어적 사고형'으로 나눌 수 있다. 나는 전형적인 시각적 사고형 인간으로 한자를 사용하는 동양인은 이 유형의 사람이 비교적 많다.

시각적 사고형은 언어적 사고형이 말하는 것을 대부분 이해할 수 있다. 그러나 반대로 언어적 사고형은 시각적 사고형이 말하는 것을 거의 이해하지 못한다. 이 세상에는 언어적 사고형이 더 많기 때문에 시각적 사고형은 자신이 생각하는 이슈를 제대로 언어화하지 않으면 팀의 생산성이 크게 떨어진다.

나 역시도 일을 시작한 지 얼마 안 됐을 때는 다양한 아이디어가 떠오르기는 하는데 그것을 언어로 표현하는 데 서툴러서 말하고자 하는 바를 주위 사람에게 효과적으로 전달하지 못해 힘들었다. 하지만 이슈의 언어화를 의식적으로 반복하다 보니 어느 순간 갑자기 일이 수월해졌다.

단순한 것 같지만 막상 해보면 그리 쉬운 일이 아니라는 것을 알 수 있다. 언어로 명확하게 표현되지 않는 것은 각 나라의 언어와 문화가 지니는 사고의 특성이기도 하기 때문에 이 부분은 의도적으로 훈련할 것을 권한다.

언어로 표현할 때의 포인트

이슈와 가설을 언어로 표현할 때의 주의점을 살펴보자.

● 주어와 동사 넣기

언어는 간단할수록 좋다. 이렇게 하기 위한 가장 단순하고도 효과적인 방법은 주어와 동사를 포함하는 문장으로 표현하기다. 일본어와 한국어는 주어 없이도 문장이 성립하기 때문에 '일의 진행 도중에 모두가 다른 생각을 하고 있다는 것을 알았다'는 상황이 자주 발생한다. 주어와 동사를 넣은 문장으로 표현하면 애매함이 사라지고 가설의 정밀도가 한층 높아진다.

● WHY보다 WHERE, WHAT, HOW

이슈를 언어화할 때 또 하나의 요령은 표현 형식에 주의하는 것이다. '~는 왜 그런가?'와 같은 WHY보다 WHERE, WHAT, HOW의 형태가 이슈를 표현하는 데 바람직하다.

WHERE … 어느 쪽인가, 어디를 지향해야 하는가?

WHAT … 무엇을 해야 하는가, 무엇을 피해야 하는가?

HOW … 어떻게 실행해야 하는가, 어떻게 진행해야 하는가?

WHY의 표현에는 가설이 없다. 무엇에 대해 흑백을 가려야 하는지가 명확하지 않다. 답을 구하는 관점에서 과제를 정리하면 WHERE, WHAT, HOW의 형태를 취하는 경우가 많다는 것을 알아두자.

● **비교 표현 넣기**

문장 안에 비교 표현을 넣는 것도 좋은 방법이다. 'A인가 아니면 B인가'처럼 판단이 필요한 이슈는 '~는 B'보다 'A가 아니라 오히려 B'처럼 표현한다.

신제품을 개발하는 데 있어서 방향성이 이슈인 경우 '조작성을 보완해야 함'보다는 '처리 능력과 같은 하드웨어 사양이 아니라 오히려 조작성을 보완해야 함'으로 표현하는 편이 무엇과 무엇을 비교하여 무엇에 대한 답을 구하고자 하는지가 명확하다. 반드시 사용해야 하는 방법이다.

좋은 이슈의 3가지 조건

좋은 이슈를 조금 더 생각해보자.

좋은 이슈는 자신과 팀의 사기를 진작시키며, 검증이 성공한 순간에는 관계자의 탄성을 자아낸다. 이런 이슈에는 세 가지 공통점이 있다.

첫째. 본질적인 선택지가 있다.

좋은 이슈는 모름지기 답을 구한 이후의 검토 방향성에 큰 영향을 미치는 법이다.

둘째. 심오한 가설이 있다.

좋은 이슈는 심오한 가설이 있다. 보통 '이렇게까지 구체적으로 분명한 태도를 취하다니…' 하고 생각할 정도로 파고든다. 상식을 뒤바꿀 만한 통찰이 있거나 새로운 구조로 이 세상을 설명하기도 한다. 이런 경우 검증이 성공하면 새로운 가치가 창출된다는 것은 모두가 아는 사실이다.

셋째. 답을 구할 수 있다.

무슨 말인지 하겠지만 좋은 이슈는 제대로 답을 구할 수 있는 것이

그림 1 **좋은 이슈의 3가지 조건**

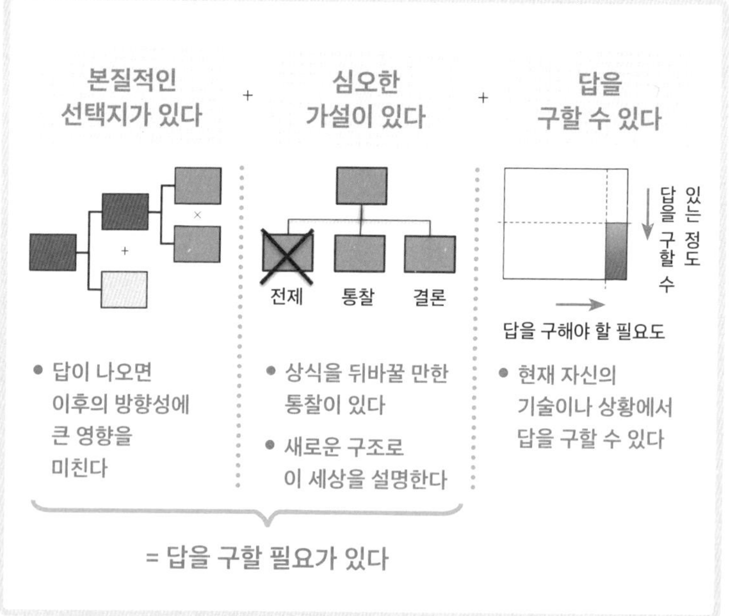

어야 한다. 중요한데 답을 구할 수 없는 문제는 이 세상에 수없이 많다.

이 좋은 이슈의 3가지 조건을 자세하게 소개한다.

조건① 본질적인 선택지가 있다

강한 임팩트가 있는 이슈는 어떤 본질적인 선택지와 관련된다. 오른쪽인가 왼쪽인가와 같이 결과에 따라 큰 의미 변화가 없다면 이슈라고 부를 수 없다. 본질적인 선택지가 곧 열쇠가 되는 질문이 이슈다.

과학의 경우 큰 이슈는 어느 정도 명확하다.

19세기 말 내 전공인 뇌신경과학 분야에서 가장 큰 이슈는 '뇌신경은 네트워크처럼 연결된 거대한 구조인가, 아니면 일정한 길이를 지닌 단위의 집합체인가' 하는 것이었다. 이후 신경과학의 아버지로 불리는 산티아고 라몬 이 카할S. R. y Cajal(1906년 노벨 생리의학상 수상)이 '일정 길이를 지닌 단위의 집합체'라는 결과를 규명했는데 현재 그 기본 단위는 '신경세포(뉴런)'라고 불린다. 과학 분야에서의 또 다른 큰 이슈 중 오래된 것으로는 천동설과 지동설이 유명하고, 최근에는 인도네시아 동굴에서 발견된 호모 플로레시엔시스라고 하는 소인(小人)이 현재의 인류와 연결되는 계통인가 하는 것이 있다.

선택지가 있고 그 결과가 어느 쪽인지에 따라 이후의 연구에 큰 영향을 미치는 것이 좋은 이슈다.

비즈니스의 경우는 어떨까.

식품 회사에서 상품 A가 잘 안 팔리는 이유를 검토한다고 생각해보자. 대개 처음 언급되는 큰 이슈는 'A가 상품력이 없어서일까, A가 상품력은 있지만 판매 방법이 안 좋아서일까'일 것이다. 어느 쪽이냐에 따라 이후의 전략 포인트는 크게 바뀐다.

편의점 회사에서 전체 매출이 떨어진 경우 첫 이슈는 '매장 수가 줄어서일까, 매장 한 곳당 매출이 떨어져서일까'일 것이다. 전자라면 신규 매장 개척 속도나 기존 매장 퇴점, 가맹점 이탈률이 과제이며, 후자라면 매장 관리나 운영 방법이 문제일 것이다.

두 경우 모두 맞는 말이라고 생각하겠지만 현실에서는 이 정도 수준의 이슈 판단을 하지 못하는 경우가 많다. '상품은 좋은데 판매 방법이 안 좋다', '신규 매장 개발에 문제가 있는 것이 확실하다' 등 자신만의 일방적인 생각을 가지고 돌진한다. 먼저 큰 분기점을 확인하는 것이 중요하다. 본질적인 선택지를 판단하기 위해서는 빠지기 쉬운 '이슈의 함정'을 염두에 두어야 한다.

● 가짜 이슈

앞에서 언급한 대로 이 세상에서 문제라고 여겨지는 것과 알아

보고자 하는 것의 대다수는 사실은 당장 답을 구할 필요가 없다. 이러한 가짜 이슈에 현혹되지 않는 것이 중요하다.

한 음료 브랜드가 오랫동안 잘 팔리지 않아 회사 차원에서 판매 전략을 재검토하는 경우를 생각해보자. 이때 이슈로 자주 등장하는 것이 '현재의 브랜드를 계속 유지할 것인가, 아니면 새로운 브랜드로 리뉴얼할 것인가'이다.

그러나 이 경우 가장 먼저 브랜드의 침체 요인을 분명히 파악해야 한다. 시장이나 세분 시장 자체가 축소하고 있는지, 경쟁사와의 대결에서 뒤지고 있는지를 알지 못하면 브랜드의 방향성 수정이 이슈인지와 같은 판단이 불가능하다.

가령 시장이나 세분 시장 자체가 축소하고 있다면 통상적으로 브랜드를 수정하기 이전에 공략 시장 자체를 검토해야 한다. 그러면 '브랜드의 방향성 수정'은 이슈도 아무것도 아니게 된다. 이렇게 그럴 듯한 가짜 이슈를 첫 단계에서 제대로 골라내야 한다.

얼핏 이슈처럼 보여도 그 시점에서 답을 구하지 않아도 되거나 답을 구하면 안 되는 것은 많다. 이슈 같은 것이 보일 때마다 정말로 바로 지금 이 문제의 답을 구하지 않으면 안 되는지, 정말로 여기에서 답을 구해야 하는지를 생각한다. 이렇게 함으로써 '그 문제는 무리해서 진행할 필요가 없었다'와 같은 후회할 만한 작업의 낭비를 줄일 수 있다.

● **이슈는 움직이는 표적**

이슈는 움직이는 표적이라는 점을 염두에 두어야 한다. 특히 비즈니스 문제가 관여된 경우 이는 매우 중요한 사항이다.

이슈, 즉 답을 구해야 하는 문제는 동일한 사업이나 주제를 다루고 있더라도 회사별로 부서별로 날짜별로 회의별로 혹은 대화를 나누는 상대별로 다른 것이 당연하다. 이슈란 '지금 바로 답을 구해야 하는 것'이므로 실제로는 담당하는 부서나 입장에 따라서도 달라진다. 어떤 사람에게는 이슈일지라도 다른 사람에게는 이슈가 아닌 경우도 얼마든지 있다.

이슈의 주어로 많이 등장하는 '기업'에 따른 차이가 전형적인 사례다. 동일한 상품 분야의 사업 전략을 검토한다고 하더라도 각 기업에 따라 이슈를 다르게 판단한다. 업계 자체에 대한 판단은 그렇게 큰 차이가 없어도 그것을 어떻게 받아들일지, 그것이 어떤 의미를 지니는지는 기업의 역사와 풍토, 전략에 따라 전혀 다르게 나타난다.

애플사의 아이패드를 중심으로 하는 태블릿PC 시장의 전략 결정을 생각해보자. 먼저 이 시장의 선구자인 애플과 애플 이외의 기업은 판단 기준이 크게 다르다는 것을 쉽게 알 수 있다. 나아가 자사의 OS를 지니고 있는지, 그 OS가 타사와 어떤 제휴를 맺고 있는지 등에 따라서도 의미는 크게 달라진다.

'이것이 이슈다'라고 생각했다면 그 이슈의 주어를 확인하자. '누구에게'라는 주어를 바꾸어도 성립한다면 이슈로서는 아직 부족하다.

더욱이 큰 의사 결정을 내릴 때 주위의 이슈가 송두리째 이슈가 아니게 되는 경우도 있다.

한 자동차 회사에서 차세대 하이브리드 차량을 검토하고 있다고 치자. 어떤 엔진과 모터 기술을 베이스로 할 것인가, 배터리를 어떻게 관리할 것인가, 어떤 차종을 고려해야 하는가 등 다수의 검토 항목, 즉 답을 구해야 할 이슈가 생긴다. 그러나 이때 사장단 협상에서 경쟁사의 기술을 제공받기로 합의한 상황이 되면 앞선 이슈의 태반은 재검토해야 한다.

과학의 경우에는 전제가 되는 사실을 재검토해야 하는 것이 발견된 상황 등이 여기에 해당한다.

조건② 심오한 가설이 있다

좋은 이슈의 두 번째 조건은 심오한 가설이 있다는 것이다. 이를 위해서는 다음의 정석이 도움이 된다.

● 상식을 부정하기

심오한 가설을 세우기 위한 간단한 방법은 일반적으로 믿고 있는 사실을 나열해서 부정할 수 있거나 다른 관점에서 설명할 수 있는 사항이 없는지 생각해보는 것이다. '상식의 부정'을 영어로는 직관에 반한다는 의미에서 'counterintuitive'라고 한다. 바로 '직관에 반하는 것'을 찾으면 된다. 보통은 그 분야에 정통한 사람을 인터뷰하면 도움이 된다. 프로젝트를 시작한 시점에서 전문가나 현장에서 일하는 사람의 이야기를 들으면 그 분야에서 공통적으로 진리라고 여겨지는 것, 즉 상식을 알 수 있다. 책에서 배우는 것보다 피부로 느끼는 상식을 반증했을 때가 훨씬 임팩트가 크다.

고전적인 예로는 모두가 태양이 지구의 주위를 돈다고 생각했지만 사실 지구가 태양의 주위를 돈다는 사실을 증명한 코페르니쿠스의 지동설이 바로 여기에 해당한다. 일상생활에서는 느끼기 어려운 시간과 공간의 관계에 대해 '시간과 공간은 하나'라고 주장한 아인슈타인의 상대성 이론이 충격적이었던 것도 전형적인 예다. '빛은 파장이며 입자이기도 하다'는 양자역학의 기본 생각 역시 눈에 보이는 세계에서는 파장이면서 입자인 존재가 없기 때문에 충격적이었다. '우리가 살아가는 세계에서 가장 큰 존재인 우주가 처음에는 하나의 점이었다'는 빅뱅 이론도 '가장 작은 것에서 가장 큰 것이 시작했다'는 직관과는 양립하지 않는 이상한 대비가 큰 충격을 주었다.

유명한 과학의 예를 하나 더 들어보겠다. 1940~1970년대 생물학 분야에서는 '생명체는 어떤 과정으로 에너지를 얻는가'가 큰 이슈였다. 생명체는 음식물로 얻은 탄수화물을 세포 내에서 분해하고 최종적으로 물과 이산화탄소를 만드는데 이 과정에서 말하자면 태워서 방출하는 에너지의 상당량을 ATP(아데노신3인산)의 인산 결합으로 얻는다. 이것이 호흡의 본질이며 모든 생명 활동의 직접적인 에너지원이다. 에너지를 얻는 이 과정을 대다수 사람은 다른 생화학 반응과 마찬가지로 세포 내 연쇄적인 화학 반응에 의한 것이라고 생각했는데, 영국의 생화학자 피터 미첼Peter Mitchell은 미토콘드리아의 막에서 이온이 통과할 때 만들어진다고 주장하며 이를 증명했다. 세기의 문제를 해결한 미첼은 1978년 노벨 화학상을 수상했다. 기존의 상식을 부정한 전형적인 예다.

과학에서 이처럼 큰 틀의 변경을 초래하는 발견은 새로운 연구 분야를 창출하는 경우가 많다. 한편 비즈니스에서는 전략이나 계획의 근본적인 재검토로 이어지는 경우가 많다. 경쟁사에서 생각지도 못한 발견을 한 경우에는 커다란 전략적 어드밴티지로 작용한다.

비즈니스 영역에서 깊은 가설을 지닌 이슈로는 다음을 들 수 있다.

- ○ 확대 국면에 있다고 생각한 시장이 선행지표에서는 크게 축소했다.
- ○ 훨씬 크다고 생각한 세분 시장 A에 비해 수익 면에서는 세분 시장 B가 더 크다.
- ○ 판매 수량 중심으로 경쟁하는 시장이지만 사실은 판매 수량 점유율이 늘어날수록 이익은 줄어든다.
- ○ 핵심 시장의 점유율은 높아지고 있지만 성장 시장의 점유율은 낮아지고 있다.

이렇게 중요한 사실을 빠뜨리는 일은 있을 수 없다고 생각할지 모른다. 하지만 나는 업계 최고를 다투는 기업의 프로젝트에서 이런 경우를 자주 봤다. 일반적으로 믿고 있는 신념이나 전제를 무너뜨릴 수 없는지 항상 생각하자.

● 새로운 구조로 설명하기

심오한 가설을 위한 두 번째 정석은 새로운 구조로 이 세상을 설명할 수 없는지 생각해보는 것이다. 이게 무슨 말일까? 사람은 익숙한 사항에서 여태껏 생각할 수 없었던 사실을 알면 큰 충격을 받는다. 그중 하나의 방법이 앞서 언급한 '상식의 부정'이고, 다른 하나의 방법이 검토 대상을 '새로운 구조'로 설명하는 것이다.

이런 일은 우리의 뇌신경계 구조에서 비롯된다. 뇌는 컴퓨터에서 말하는 메모리나 하드디스크에 해당하는 기억장치가 없고, 신경이 서로 연결만 되어 있는 구조로 되어 있다. 즉 신경 사이의 연결이 기본적인 이해의 근원이다. 따라서 지금까지 별로 관계없다고 생각했던 정보 사이에 연결이 있다는 사실이 확인되면 우리의 뇌는 큰 임팩트를 받는다. '사람이 무언가를 이해한다'는 것은 '두 개 이상의 다른 기지(旣知)의 정보에 새로운 연결을 발견한다'는 것으로 바꾸어 말할 수 있다.

이런 구조적인 이해에는 4가지 패턴이 존재한다. 간단하게 설명하겠다.

공통성의 발견

가장 간단한 새로운 구조는 공통성이다. 두 개 이상의 것에서 무언가 공통 사항을 발견하면 사람은 갑자기 무언가를 이해했다고 느낀다. 예를 들어 '그 사람은 멕시코 건국 당시에 두 대립 진영을 아우르는 대단한 역할을 한 사람입니다'보다 '그 사람은 멕시코의 김구 선생입니다'라고 들었을 때가 훨씬 잘 이해할 수 있다. 오피스용 프린터와 빌딩 내 에어컨은 수익 구조가 같다고 들었을 때 둘 다 잘 아는 사람이라면 과연 그렇다고 생각할 것이다. 인간의 팔과 새의 날개는 같은 기관이 다른 형태로 진화한 것이라는 사실을 알았을 때 서로의 비교를 통해 그 의미를 더 잘 파악할 수 있는 것도 같은 논리다.

관계성의 발견

새로운 구조의 두 번째는 관계성의 발견이다. 완전한 전체상을 몰라도 여러 현상 사이에 관계가 있다는 점을 알면 사람은 무언가를 이해했다고 느낀다.

폴과 존은 친한 친구로 대체로 같은 행동을 한다는 것과 존과 리치는 으르렁대는 사이로 전혀 반대의 행동을 한다는 사실을 안다면, 폴의 최근 행동을 보면 리치가 무엇을 하고 있는지 대충 알 수 있다.

과학 분야에서는 전혀 다른 호르몬에 관여하는 뇌 속 두 개의 수용기(리셉터)의 움직임에 관계성이 있다는 것이 전형적인 예다. 이것이 열 개의 서로 다른 호르몬 수용기 간의 체계적인 관계가 된다면 꽤나 이해한 것처럼 느껴진다. 실제로 이 패턴의 연구에서 많은 노벨상이 수여되었다.

그룹핑의 발견

새로운 구조의 세 번째는 그룹핑의 발견이다. 검토 대상을 그룹으로 나누는 방법을 발견함으로써 지금까지 하나로 보였거나 무수히 많은 것으로 보였던 것이 판단 가능한 덩어리로 보여 결국 통찰력이 깊어진다.

그룹핑의 전형적인 예는 비즈니스에서의 시장 세분화다. 시장을 일정한 기준에 근거한 축으로 나누었을 때 각 그룹별로 다른 움직임이 나타나는 부분을 찾으면, 그전과는 다른 통찰력을 얻어 자사 상품과 경쟁 상품의 현상 분석이나 예측이 쉬워진다.

규칙의 발견

새로운 구조의 네 번째는 규칙의 발견이다. 사람은 두 개 이상의 사항에서 보편적인 구조나 수량적인 관계성이 있다는 사실을 알면 이해했다고 생각한다.

대다수 물리 법칙의 발견이 여기에 해당한다. 책상 위에서 떨어지는 연필과 지구에서 보이는 달이 안정적으로 떠 있다는 것을 같은 논리, 즉 만유인력으로 설명할 수 있는 것도 그중 하나다.

비즈니스에서는 그 정도로까지 수식화가 가능한 사항이 많지 않지만 전혀 상관이 없어 보이는 두 사건에서 자주 강력한 규칙성이 발견된다. '석유 가격이 오르락내리락하면 10개월 뒤 사탕수수 등 농산품 가격이 같은 움직임을 보인다'와 같은 일정한 패턴이 보일 경우 보다 심오한 구조적인 깨달음으로 이어진다.

'상식을 부정'하는 강력한 이슈를 단번에 발견할 수 없더라도 크게 실망할 필요는 없다. 지금까지 살펴본 대로 '새로운 구조'로 현상 설명이 가능한지 생각해보는 것이 또 하나의 정공법이다. 그리고 이와 연결된 관점에서 새로운 사실을 검증할 경우 깊은 통찰력

그림 2 구조적 이해의 패턴

	예	이해의 효과
공통성의 발견	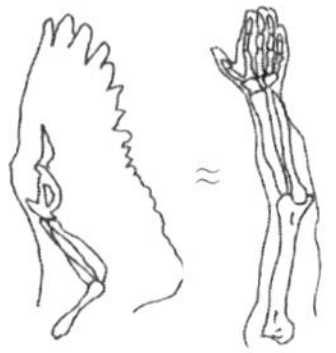	팔의 구조로 날개의 구조를 통찰할 수 있다는 것을 알면 진화의 비교축으로 이용이 가능하다
관계성의 발견	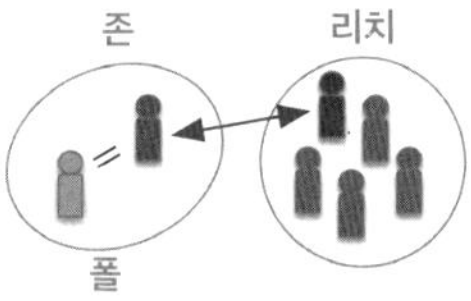	폴과 존이 같고 존과 리치가 반대의 행동을 한다는 것을 알면 폴의 행동으로 리치의 행동을 추측할 수 있다
그룹핑의 발견	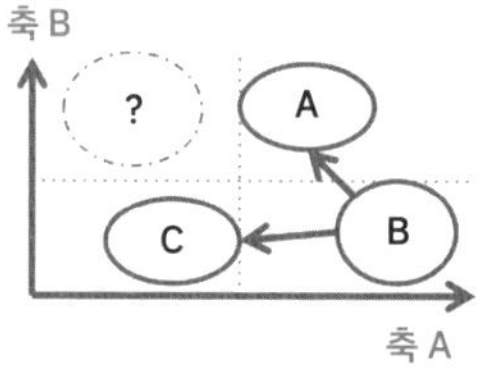	어떤 축으로 나눈 그룹에 다른 움직임이 있다면 지금까지와는 다른 통찰을 할 수 있다
규칙의 발견	$X = \frac{\alpha \times \beta}{\gamma}$	둘 이상의 사항에 보편적인 구조나 수량적인 관계가 있다는 것을 알면 깊은 통찰을 할 수 있다

과 임팩트가 생긴다. 노벨 물리학상을 수상한 리처드 파인만은 "과학은 앞을 내다보고 추리력을 발휘할 수 있는 도구가 되기 때문에 가치가 있다."라고 했는데, 이는 심오한 구조적 이해의 본질을 말한 것이라고 할 수 있다.

조건③ 답을 구할 수 있다

본질적인 선택지이면서 충분히 심오한 가설이 있는 문제인데도 좋은 이슈가 아닌 것이 존재한다. 명확한 답을 구할 수 없는 문제인 경우가 그렇다. 그런 것이 있을까 싶겠지만 어떤 방식으로 접근해도 기존의 방식이나 기술로는 답을 구하기 어려운 문제가 많다.

상파울루 대학에 재직 중인 야마네 데쓰오 교수가 알려준 이야기가 있다. 1960년대 그가 캘리포니아 공과대학을 다닐 당시 천재로 이름을 날리던 파인만이 들려준 이야기라고 한다.

"분명 중력도 전자기적인 힘도 3차원 공간에서 거리의 제곱에 반비례한다는 것은 매우 흥미로운 현상이다. 다만 이런 문제에는 관여하지 않는 편이 낫다. 현재로서는 답을 구할 가능성이 거의 없기 때문이다."

나는 물리학도가 아니지만 이 문제가 50년이 지난 지금까지 수

많은 천재의 손을 거쳤음에도 여전히 규명되지 않았다는 사실은 알고 있다. 파인만이 옳았던 것이다.

과학 세계에는 파인만의 예처럼 실제로 답을 구할 수 있는 방법이 없기 때문에 예로부터 수수께끼였음에도 손을 대지 않은 문제가 많다. 방법을 찾은 다음 연구를 시작한 문제가 즐비한 것이다.

문제가 제시된 뒤 300년 이상이 흐르고 나서야 드디어 해결된 '페르마의 마지막 정리'도 프린스턴 대학의 앤드류 와일즈가 근대 수학을 집대성해 증명했다. 이것이야말로 방법을 찾고 나서 비로소 좋은 이슈가 된 대표적인 예다.

1987년 노벨 생리의학상 수상자인 생물학자 도네가와 스스무의 말도 시사하는 바가 크다.

"둘베코는 나를 이렇게 칭찬했답니다. 도네가와는 현재 이용 가능한 기술의 마지막 영역에서 생물학적으로 남아 있는 주요 과제 중 풀릴 만한 문제가 무엇인지를 잘 찾아낸다고요. … 아무리 좋은 아이디어라도 해결 가능한 기술이 없으면 절대로 실천할 수 없지요. 하지만 모두가 기술이 없어서 할 수 없다고 생각하고 있는 과제 중에서도 그 시대에 이용 가능한 기술을 마지막까지 잘 이용하면 어떻게든 완성되는 미묘한 경계 영역이 있습니다."

도네가와의 스승인 레나토 둘베코의 말과 그 말을 들은 도네가와의 반응은 좋은 이슈의 본질을 잘 파악하고 있다. 제 아무리 중요한 물음이라도 답을 구할 수 없는 것은 좋은 이슈라고 할 수 없다. 답을 구할 수 있는 범위 내에서 가장 임팩트 있는 질문이야말로 의미 있는 이슈다. 현 상태에서는 답을 구할 수 있는 방법이 없더라도 분해해서 답을 구할 수 있는 부분이 생긴다면 바로 그것을 이슈로 삼아 떼어낸다.

비즈니스에서도 이런 문제는 산적해 있다.

가격 결정의 문제가 그것이다. 대부분의 시장이 그렇듯 '3~8개 기업이 시장의 태반을 점유하는 경우 상품의 가격 결정을 어떻게 할 것인가'는 실제로 매우 어려운 질문이다. 오늘날에도 명확한 결정타, 즉 분석적으로 제대로 답을 구할 수 있는 방법이 존재하지 않는다. 시장 참여자가 두 회사뿐이라면 게임 이론을 활용하여 적정한 방향성 정도는 답을 구할 수 있지만 세 회사 이상으로 늘어나는 순간 어려워진다.

쉬운 문제처럼 보여도 이를 해결할 방법이 명확하지 않아서 차라리 손을 대지 않는 편이 나은 문제가 많다는 것은 명확한 사실이다. 게다가 다른 사람은 풀 수 있어도 자신이 감당할 수 없는 문제도 있다. 가벼운 마음으로 시작하는 것은 괜찮지만 검증 방법이 무너졌다면 시간과 노력 차원에서 돌이킬 수 없는 손해로 남는다.

'임팩트 있는 질문'이 곧 '좋은 이슈'는 아니다. 또한 파인만의 말처럼 답을 구할 수 있는 가능성이 거의 없는 문제가 있다는 점을 의식하고 그 문제에 시간을 할애하지 않는 것이 중요하다.

그런 의미에서 좋은 이슈의 세 번째 조건은 이슈라고 생각하는 주제가 정말로 기존의 방법과 현재 착수 가능한 접근법으로 답을 구할 수 있는가를 판단하는 것이다. 현존하는 방법과 방식을 이용해 그 질문이 요구하는 수준의 답을 구할 수 있는가를 따져보는 것이다. 이슈 후보가 보이기 시작한 단계에서는 이러한 관점에서 검토

그림 3

문제의 분포

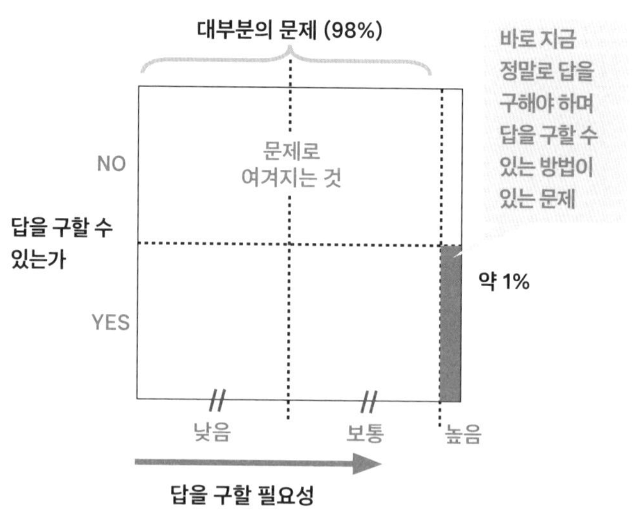

해보는 것이 중요하다.

앞에서 언급한 대로 신경 쓰이는 문제를 100이라고 했을 때 바로 지금 정말로 답을 구해야 하는 문제는 고작 두세 개에 불과하다. 더욱이 그 가운데 지금 단계에서 답을 구할 수 있는 방법이 있는 문제는 절반 정도다. 즉 '바로 지금 정말로 답을 구해야 할 문제인 동시에 답을 구할 수 있는 문제인' 이슈는 우리가 문제라고 여기는 대상의 1%에 불과하다.

이슈를 특정하기 위한 정보 수집

생각하기 위한 재료 입수

좋은 이슈의 조건과 가설을 세우는 것의 중요성을 알았으니 다음으로는 이것을 발견하기 위한 '재료'를 어떻게 얻을 것인지 생각해 보자.

일반 회사에서는 가설처럼 부정확한 것을 토대로 한 이야기를 보통 인정하지 않는다. 그러나 논리만으로 문제의 착안점이나 이야기를 치고 들어가는 포인트, 즉 이슈나 가설로 이어지는 것을 찾아내기는 어렵다. 이것은 모든 사람에게 해당되는 사실이다. 문제 해결의 프로인 베테랑 컨설턴트나 수완 좋은 사장, 실력이 뛰어난 연구원일지라도 전문적인 지식이나 찾기 힘든 주제에 맞닥뜨리면 가설을 세우기 위한 단서를 모으는 수밖에 없다.

그렇다면 단서를 얻기 위해서는 어떻게 해야 할까. 바로 착수 중인 주제나 대상에 대해 '생각 재료를 큼직큼직하게 얻는 것'이다. 즉 너무 많은 시간을 들이지 않고 대략의 정보를 모아 대상의 실태를 피부로 느끼는 것이다. 상세 숫자보다도 전체 흐름과 구조에 착안한다.

대학 연구 과정에서는 이 작업이 수개월이나 걸리는 경우도 있다. 하지만 비즈니스에서는 비효율적이면 생산성 높은 방법이라고 할 수 없다. 이슈를 명확하게 하고 골자가 되는 검증을 속도감 있게 진행해서 가설을 쇄신해야만 진정한 의미의 생산성 높은 하루가 실현된다. 대개의 경우 검증까지의 한 사이클은 일주일에서 열흘 정도다. 따라서 최초의 가설을 세우기 위해 생각하는 재료를 모으는 작업은 가능하면 이삼 일에서 끝내야 한다. 의견 청취 등 준비하는 데 시간이 걸리는 사항은 미리 마련해둔다.

하지만 이것만으로는 구체적으로 무엇을 어떻게 해야 하는지 알 수 없다. 자신만의 이슈 판단력을 기르기 위한 정보 수집 요령을 정리해보았다.

요령① 1차 정보에 접하기

첫 번째 요령은 '1차 정보'에 접하는 것이다. 1차 정보란 그 누구의 필터도 통과하지 않은 정보를 말한다. 구체적으로는 다음의 사항이 도움이 된다.

- ○ 제조업의 경우는 생산 라인과 조달 현장에 간다. 현장 사람에게 이야기를 듣는다. 가능하다면 어떤 작업이든 함께한다.
- ○ 판매의 경우는 판매 현장에 간다. 매장 앞에서 고객의 목소리를 듣는다. 가능하다면 함께 활동한다.
- ○ 상품 개발의 경우는 상품을 사용하는 현장에 간다. 상품을 사용하는 고객과 이야기를 나눈다. 왜 그 상품을 사용하는지, 어떻게 골라서 사용하는지, 어떤 상황에서 어떻게 사용하는지 등을 듣는다
- ○ 연구의 경우는 그 주제를 연구하는 사람과 그 방법을 개발한 사람의 연구실에 간다. 이야기를 듣고 현장을 둘러본다.
- ○ 지방의 경우는 대상 지방과 그곳과 반대의 움직임을 보이는 지방에 가서 차이나 현상을 보고 이해한다
- ○ 정보의 경우는 가공되지 않은 생생한 정보에 접해 변화 패턴이나 특징을 보고 이해한다

너무나도 기본적인 이야기라고 생각할 수도 있지만 이것을 마치 호흡하듯이 자연스럽게 생각하는 사람은 적다. 우수하다거나 머리가 좋다는 말을 많이 듣는 사람일수록 머리로만 생각하는 경향이 있기 때문에 얼핏 효율적으로 보이는 읽을거리 등 2차 정보에서 정보를 얻고자 하는 성향이 강하다. 그러나 그것이 치명타가 된다. 중요한 가설을 세울 때 색안경을 끼고 본 정보에 근거하는 꼴이기 때문이다.

현장에서 무슨 일이 일어나는지 살펴보고 피부로 직접 느끼지 않으면 이해할 수 없는 일이 많다. 아무 상관없어 보이는 사항이 현장에서는 서로 연동하거나 연동할 것 같은 것이 떨어져 있는 경우가 자주 있는데 이러한 점은 현장에 가보지 않는 한 확인할 수 없다. 간접 보고나 논문 등의 2차 정보만으로는 결코 알 수 없는 사항이다.

아무리 뛰어난 표현이나 정보라 하더라도 2차 정보는 다면적이고 복합적인 대상의 한 면을 교묘하게 빼낸 것에 불과하다. 여기에서 누락된 표현은 그것을 직접 보지 않는 사람이라면 인지할 수 없다. 따라서 며칠 동안은 집중적으로 1차 정보에 접해보기를 권한다. 이를 통해 실제로 우리에게 일어나고 있는 일에서 피부로 느끼는 힘을 얻을 수 있고, 명확한 가설을 세우기 위한 강력한 지침을 얻을 수 있다.

그림 4 2차 정보의 위험성

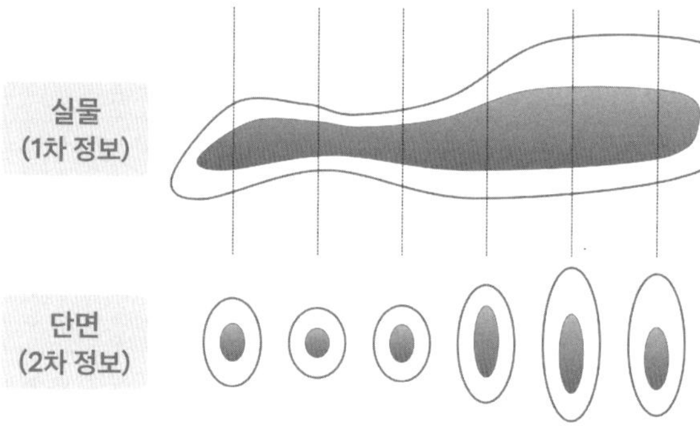

현장에서 1차 정보를 접할 때는 현장 사람의 경험에서 우러난 지혜를 얻어오자. 읽을거리를 아무리 살펴봐도 이해할 수 없는 것을 묻고, 그 사람이 어떤 문제의식을 가지고 있는지 들어보는 것이 좋다. 현재 착수 중인 문제의 애로 사항과 일반적으로 인식되어 있는 사항의 의구심, 실행할 때 반드시 알고 있어야 하는 요점 등이 그것이다. 돈으로는 살 수 없는 지혜를 단숨에 내 것으로 만들어보자.

사내는 물론 외부 전문가에게 직접 이야기를 듣는 회사가 많지 않은데 그야말로 비효율적이다. 대외비 사항이 많기 때문에 외부 교류가 불가능하다는 이유라면 이는 지나친 생각이다.

모르는 사람에게 전화를 걸어 인터뷰를 신청하는 것을 영어로 콜드콜이라고 한다. 이 콜드콜을 잘 활용하면 생산성이 극적으로 향상된다. 당신이 응분의 회사든 대학, 연구소에서 일하고 있고, 상대에게 비밀 유지 의무에 저촉되는 사항은 일체 말하지 않아도 되고, 함께 나눈 이야기는 내부 검토에만 사용한다는 사실을 제대로 전달하면 문호의 태반은 열린다. 실제로 나도 지금까지 수백 건의 콜드콜을 했는데 거절당한 기억은 손에 꼽을 정도다. 생산성을 높이고 싶다면 발놀림이 가벼울수록 좋다.

요령② 기본 정보를 스캔하기

정보 수집의 두 번째 요령은 1차 정보에서 얻은 감각을 유지하면서 세상의 상식과 기본 사항을 어느 정도의 덩어리로써 중복과 누락 없이 재빠르게 조사하는 것이다.

이때 자신의 생각만으로 '수읽기'를 하지 않는 것이 중요하다. 착수 과제의 영역에 대해서 기본 지식을 대략적으로 파악해둔다. 일반 비즈니스에서 사업 환경을 검토하는 경우라면 아래 다섯 가지 마이클 표터가 주장한 '5 force' 모델에 덧붙여 두 가지를 더한 일곱 가지를 살펴보면 시작 단계로 충분하다.

1. 업계 내부의 경쟁 관계
2. 신규 진입자

그림 5 사업 환경 요소의 확대(Forces at Work)

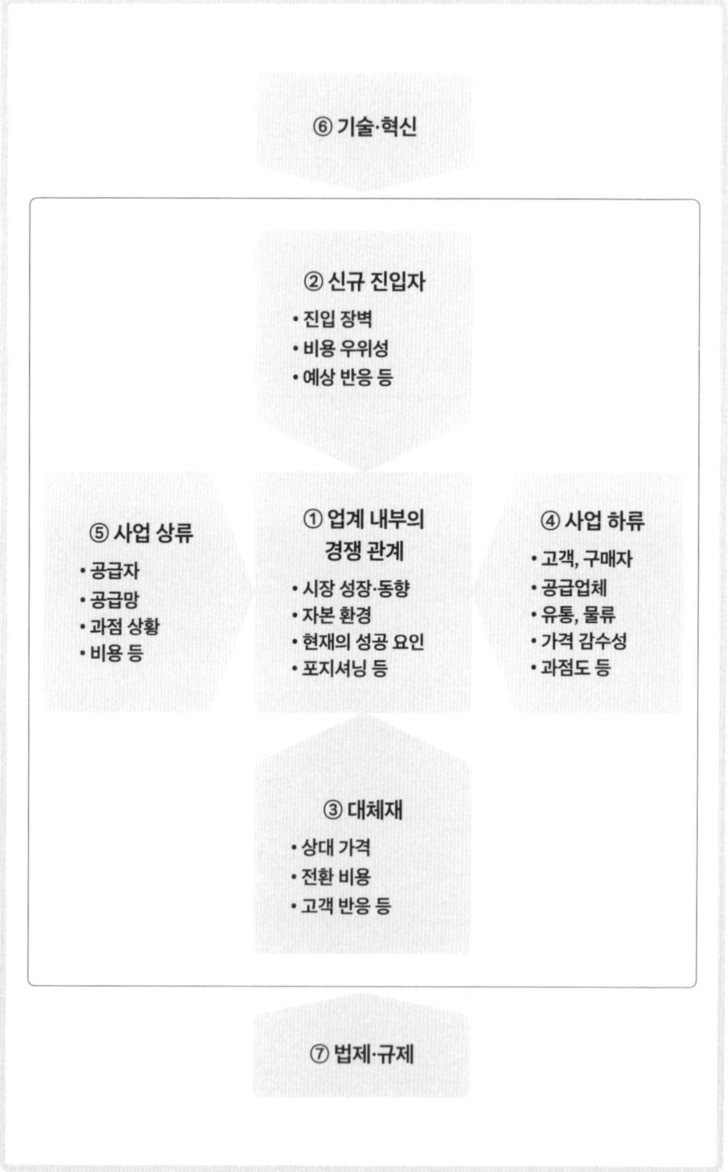

3. 대체재

4. 사업 하류(고객, 구매자)

5. 사업 상류(공급자, 공급 기업)

6. 기술·혁신

7. 법제·규제

요소를 확인했다면 실제 조사에서는 숫자, 문제의식, 프레임워크 이 세 가지를 파악하면 된다.

● **숫자**

과학 분야는 물론 비즈니스 분야에서도 항상 기본이 되는 숫자가 있다. 사업 전체를 논의하는 경우에는 규모, 점유율, 영업이익률, 변화율과 같은 것이 있고, 소매의 경우에는 경쟁 시점에서의 1일 매출액, 재고 회전율, 고객 단가 등이 있다. 이 숫자를 염두에 두고 논의하는 것이 중요하다.

● **문제의식**

문제의식이란 역사적 배경에 입각한 분야·업계·사업의 상식, 과제 영역을 둘러싼 일반 통념, 현재까지의 검토 유무, 내용과 그 결과 등을 말한다. 이런 사항을 모르면 해당 분야 사람과 대화하기 어렵다는 사실을 인식하고 중요한 관점이 누락되지 않았는지 확인한다.

● 프레임워크

어떤 분야든 지금까지 과제를 어떻게 정리했는지, 과제를 둘러싼 사항을 어떻게 파악했는지 정보가 필요하다. 검토 중인 문제를 기존의 틀, 즉 프레임워크 내에서 어떻게 파악하고 설명했는지를 이해한다. 구체적으로는 다음과 같은 전체 상황 파악이 쉬운 것을 활용하면 좋다.

○ 총설·리뷰
○ 잡지·전문지 특집 기사
○ 애널리스트 리포트·연례보고서
○ 주제 관련 서류
○ 교과서적인 서적의 해당 페이지

서적류는 노하우에 관한 것은 피하고 기본적이고 원칙적인 것만 본다. 역사적인 관점을 얻기 위해서는 조금 오래된 것과 새로운 것을 동시에 보는 것도 좋다.

요령③ 과잉 정보, 과잉 지식 금지

세 번째 요령은 의도적으로 듬성듬성하게 할 것, 즉 과하게 하지 않는 것이다. 이는 속독법이나 라이프해크LifeHack적 개념과 큰 차이가 있는데, 정보 수집의 효율성이란 언젠가는 반드시 한계에 다다르게 마련으로 정보가 너무 많으면 오히려 지혜가 샘솟지 않음을 일컫는다. 이것을 과잉 정보, 과잉 지식이라고 한다.

● **과잉 정보**

정보 수집에 들인 노력과 수고, 그 결과로 얻은 정보량은 어느 수준까지는 정비례한다. 하지만 일정 수준을 지나면 갑자기 새로운 정보를 받아들이는 속도가 늦어진다. 이것이 과잉 정보다. 대량의 시간을 투자한다고 해도 실효성 있는 정보가 이에 비례해 늘지 않는다.

● **과잉 지식**

과잉 지식은 훨씬 더 심각한 문제다. 과잉 정보의 그래프에서도

그림 6 **과잉 정보**

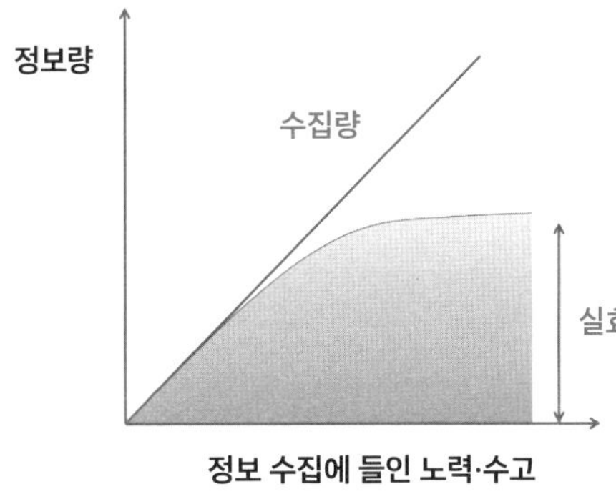

그림 7 과잉 지식

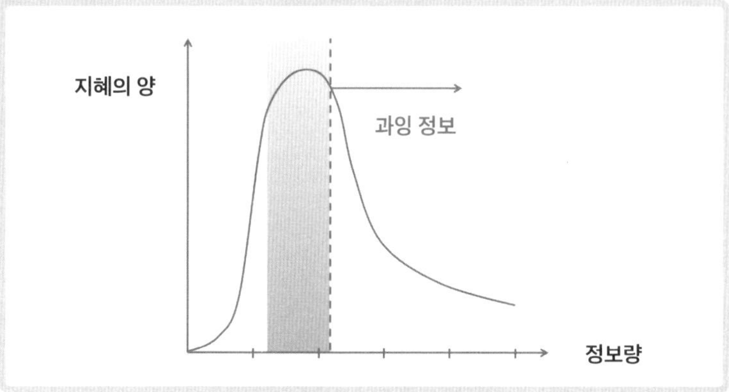

볼 수 있듯이 분명 일정 수준의 정보량까지는 급속도로 지혜가 샘솟는다. 그러나 일정량을 지나면 창출되는 지혜가 급격히 줄면서 가장 중요한 나만의 시각이 제로에 가까워진다. '지식'의 증가가 반드시 '지혜'의 증가로 이어지지 않는 것이다. 오히려 일정 수준을 넘기면 부정적으로 작용한다는 사실을 항상 기억해야 한다.

한 분야에서 특출나게 모든 것을 잘 아는 사람은 새로운 지혜를 만들어내는 것이 매우 어렵다. 이미 가지고 있는 지식만으로도 대부분의 일을 처리할 수 있기 때문이다. 일류 과학자가 한 분야의 권위자가 될 만한 수준에 도달하면 예전처럼 강렬한 아이디어가 번뜩이지 않는 것도 같은 이치다.

또한 이것은 비즈니스 세계에서 컨설팅 회사가 존재하는 이유이기도 하다. 업계에 정통한 전문가가 대거 포진해 있을 법한 일류 회사에서 비싼 요금을 지급하면서까지 컨설턴트를 고용하는 것은 그들의 과잉 지식 탓에 그 세계의 터부나 당연시함에 속박되어 새로운 지혜를 만들어내지 못하기 때문이다. 똑똑할수록 이러한 과잉 지식 상태에 도달하기 쉽고, 그 상태에 도달할수록 지식의 속박에서 벗어날 수 없다.

인간이 한 영역에 관심을 갖고 새로운 정보를 얻기 시작하면 처음에는 이것저것 걸리는 것이 많기 때문에 의심을 품는다. 그 의심을 다른 사람에게 묻기도 하고 직접 규명하다 보면 이해도가 깊어지고 새로운 시각과 지혜가 샘솟는다. 이처럼 과잉 지식 바보가 되지 않는 범위에서 정보 수집을 멈추는 것이 이슈를 끌어내는 정보 수집의 비법이다.

이슈를 특정하기 위한 5가지 접근법

통상적인 방법으로 이슈를 발견하지 못하는 경우

좋은 이슈의 조건에 따라 본질적인 분기점을 찾고, 구조적인 이해가 가능한지를 살펴보고, 현재 알고 있는 상식을 부정하는 것이 가능한지를 검토했다. 그리고 그 소재를 찾기 위해 현장을 방문하여 1차 정보에 (과잉 정보가 되지 않을 정도로) 접했다. 그럼에도 이슈가 무엇인지 모르겠다는 경우가 분명 있다. 이럴 경우에는 어떻게 해야 할까?

가장 간단한 방법은 일단 머리를 식히고 지금까지 언급한 기본

그림 8 이슈를 찾지 못할 경우의 접근법

접근법	내용	
① 변수 줄이기	몇 가지 요소를 고정하여 고려해야 할 변수를 줄인 다음 판단 포인트 정리하기	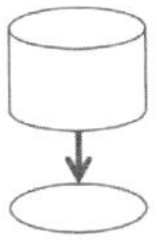
② 시각화하기	문제의 구조를 시각화·도식화하여 답을 구해야 할 포인트 정리하기	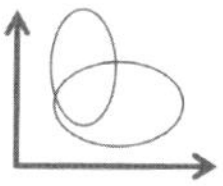
③ 최종 형태에서 역산하기	모든 과제가 해결되었을 때를 예상한 다음 현재 모습과의 차이 정리하기	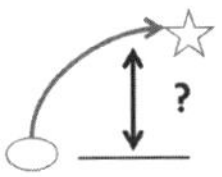
④ So what? 반복하기	'그래서 어쩌라고?'를 반복하여 심오한 가설 만들기	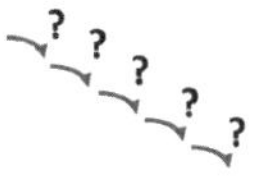
⑤ 극단적 사례 생각하기	극단적인 사례 몇 가지를 생각함으로써 핵심 이슈 찾기	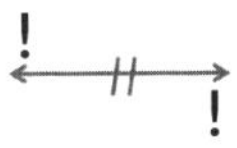

작업을 다시 반복하는 것이다. 재차 1차 정보에 접하고 식견이 높은 사람과 논의한다. 하지만 정보가 충분하거나 과잉 정보로 이슈를 끄집어내는 지혜가 부족한 경우도 있다. 이런 경우에 사용할 수 있는 접근법 다섯 가지를 소개한다.

접근법① 변수 줄이기

관련 요소가 너무 많아서 결국 무엇이 중요한 요소인지, 무엇이 결정타가 될 수 있는지, 애초에 그런 것이 있는지조차 확인하지 못하는 경우가 있다. 세계의 소비 활동, 자연에서의 생물체 역할 관계성 등의 주제가 그러하다.

트위터나 페이스북 등의 SNS가 상품 구매 행동에 어떤 영향을 미치고 있는지, 어떤 숫자를 확인하면 이를 알 수 있는지, 상품 판매에 한계치와 같은 수치가 존재하는지, 서로 어떤 연관성을 가지고 있는지 등의 사실을 확인하고 싶다고 가정해보자. 설령 운 좋게 숫자를 알아내서 어떤 정보의 경로를 확인한다 하더라도 많은 요소가 서로 얽혀 있기 때문에 모두가 납득할 수 있는 검증은 할 수 없다.

이런 경우에는 변수를 줄일 수 없는지 생각한다. 요소를 줄이거나 고정하는 것이다. 예를 들어 상품 구매 행동은 너무 광범위하기 때문에 상품 분야를 디지털 가전으로 좁힌다. 여전히 너무 넓다면 디지털카메라, 프린터 등으로 검토 대상을 더 좁힌다. 그러면 변수가 하나 줄어든다. 다음으로 SNS도 트위터, 블로그, 커뮤니티 등으로 그룹핑한다. 여기에서는 이슈를 찾기 위해 수집한 1차 정보, 특히 이용자의 의견 청취를 참고하면 좋다. 변수를 수십 개에서 몇 개 수준으로 줄일 수 있다.

이처럼 문제의 관련 요소를 고정하거나 그룹핑해 변수를 줄이면 진짜 이슈가 명확해지는 경우가 많다.

접근법② 시각화하기

인간은 눈으로 생각하는 동물이다. 따라서 형태를 보면 갑자기 뭔가 그 대상을 이해했다고 느끼는 경우가 많다. 비록 논리적으로는 이해하지 못했다고 하더라도 말이다. 실제로 우리 뇌의 후두엽은 '물체를 보는 것'에 대부분 사용된다고 알려져 있는데, 눈으로 형태를 보고 나면 본질적인 포인트가 순식간에 나타나는 경우가 있다. 이러한 뇌의 성질을 활용하는 것이 두 번째 접근법인 시각화이다. 시각화에는 몇 가지 전형적인 방법이 있다.

검토할 주제에 공간성이 있는 경우를 예를 들면 이렇다. 매장의 내부 배치를 검토하는 경우에는 각 내부 시설의 관련성을 표시해 그린다. 중복되는 것은 위아래에 겹쳐서 그린다. 그러면 어디와 어디의 연결이 깔끔하지 않은지, 어느 배치가 문제인지 등 판단이 필요한 곳, 즉 이슈가 쉽게 눈에 띈다.

착수에 순서가 있는 경우에는 퍼즐 블록처럼 앞에서 뒤로 나열한다. 단순하게 종이에 그림을 그려도 좋고, 메모나 카드를 활용해도 좋다. 그러면 이 과정을 통합할 수 있는 것이 진짜 이슈이고, 이 과정을 없애는 것은 이슈가 아니라는 식으로 과제의 본질이 보인다.

중요한 속성(축)의 수치가 몇 가지 나오면 그래프로 만드는 것이 유용하다.

두 가지 속성을 골라서 구성하거나 두 가지 속성을 곱한 것이나 나눈 것을 하나의 축으로 삼고 다른 요소를 또 하나의 축에 둔다. 그러고 나서 그래프로 그리면 많은 샘플이 몇 개의 그룹으로 분류되는 경우가 많다. 이런 경우 일정한 수치 이상 혹은 이하에 색을 입히면 패턴이 더욱 분명해진다.

맥주 신제품의 방향성을 검토하고 있다면 먼저 광고에서 많이 사용되는 맛과 목 넘김 등을 축으로 삼아 구성해본다. 그러면 기존의 자사 상품이 어디에 위치해 있는지, 시장의 트렌드는 어디를 향하고 있는지, 이런 사항들을 감안했을 때 어떤 맛을 추구해야 하는지 등의 흐름을 전제로 한 판단의 기준(이슈)이 나타난다.

그림 9

시각화하기

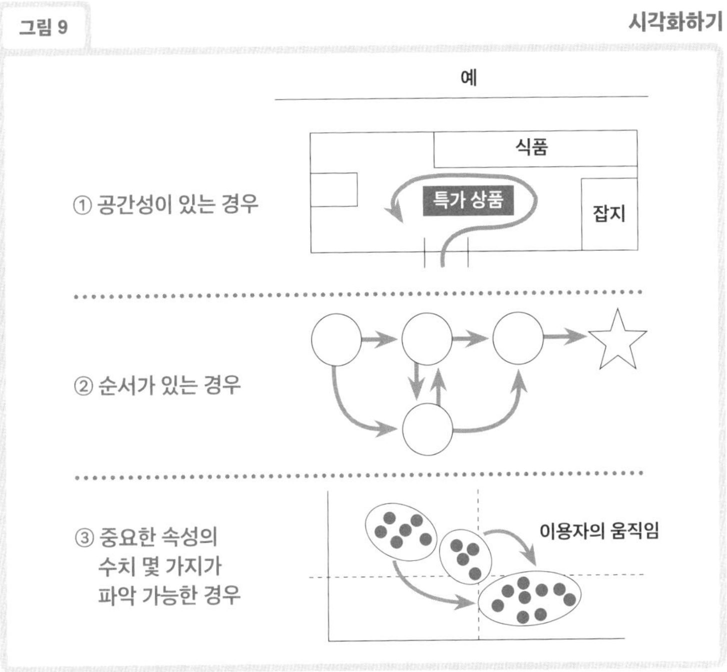

접근법③ 최종 형태에서 역산하기

손쉽게 이슈를 정리하고자 할 때는 최종적으로 무엇을 원하는지를 먼저 생각하는 것도 유용한 방법이다.

사업의 3~5년 중기 계획을 생각할 때는 목표하는 바를 위해 바람직한 방법을 설계하는 것이 최종 바람일 것이다.

그렇다면 '목표하는 바'는 무엇을 알면 결정할 수 있는지 생각해야 한다. 다음의 5가지가 필요하다. 각각이 답을 구해야 하는 판단 사항, 즉 이슈다.

1. 사업의 현재 상황은?(시장 시점, 경쟁사 시점)
2. 어떤 형태로 사업을 지향할 것인가?
3. 3~5년 후의 목표 함수를 어디에 둘 것인가?(상대적 지위 유지, 시장 활성화 등)
4. 그 시점의 강점, 자사다운 승리 패턴을 어떻게 그릴 것인가?
5. 이것을 수치로 표현할 수 있는가?

과학의 세계도 살펴보자.

뇌신경과학 분야에서 '어느 특정 유전자 변이가 50대 이후에 알츠하이머병을 일으킬 확률을 대폭 높인다.'를 검증하기 위해 연구하고 있다고 하자.

○ 어느 특정 유전자 변이를 지닌 50대 이상은 그렇지 않은 사람에 비해 훨씬 알츠하이머병에 걸리기 쉽다.
○ 그 차이가 50대 이전에서는 두드러지지 않는다.

적어도 이 두 가지는 검증해야 하는 이슈다. 따라서 아래와 같은 검증이 있다면 이슈를 검증하는 데에 든든한 지원군이 되리라는 추정이 가능하다.

○ 이 변이의 발생 확률은 나이와는 상관없지만 50대 이상의 알츠하이머병 환자가 유전자 변이를 지닌 비율은 50대 이하의 환자에 비해 훨씬 높다.

이처럼 판단해야 하는 이슈를 최종 형태에서 역산하여 생각하는 것이 세 번째 접근법이다. 이 방법으로 이슈를 구조화할 수 있다.

접근법④ So what? 반복하기

얼핏 당연시해 보이는 사실만이 이슈의 후보로 등장한다면 So what(그래서 어쩌라고?)과 같은 가설적인 질문을 반복하는 것이 효과적이다. 스스로에게 혹은 팀 내에서 질문을 여러 번 반복하다 보면 가설을 점점 구체화할 수 있고 검증해야 할 이슈를 정리할 수 있다. 이것은 도요타사의 개선 활동 중 '왜, 왜 5번'(문제의 원인을 규명하기 위해 몇 번씩 '왜?'라고 물으며 문제의 핵심을 찾는 방법)과 일맥상통하는 접근법이다. 이 접근법을 원인 규명이 아니라 답을 구해야 하는 이슈를 판단하는 데에 이용한다.

예를 들어보겠다.

"지구온난화는 틀렸다."

이 문장을 이슈로 설정해도 무엇을 틀렸다고 하는지가 애매해서 답을 구할 수 없다. 이것을 So what으로 질문한다.

○ 지구온난화가 전 세계에 일률적으로 일어나고 있다고는 말할 수 없다.

문장을 이렇게 바꾸면 적어도 답을 구해야 할 포인트(온난화의 상황이 일률적인지 아닌지)가 하나는 보인다. 다만 지역적으로 기후가 다소 고르지 않은 것은 사실이기 때문에 이슈로서는 아직 부족하다. 다시 So what.

○ 지구온난화는 북반구의 일부에서만 일어나는 현상이다.

지역을 좁혔다.

○ 지구온난화의 근거로 제시된 데이터는 북미나 유럽 중심이며 지역적으로 자의적인 편중이 있다.

이렇게까지 좁히면 검증해야 하는 포인트가 명확한 이슈가 된

그림 10 So what의 반복으로 이슈 다듬기

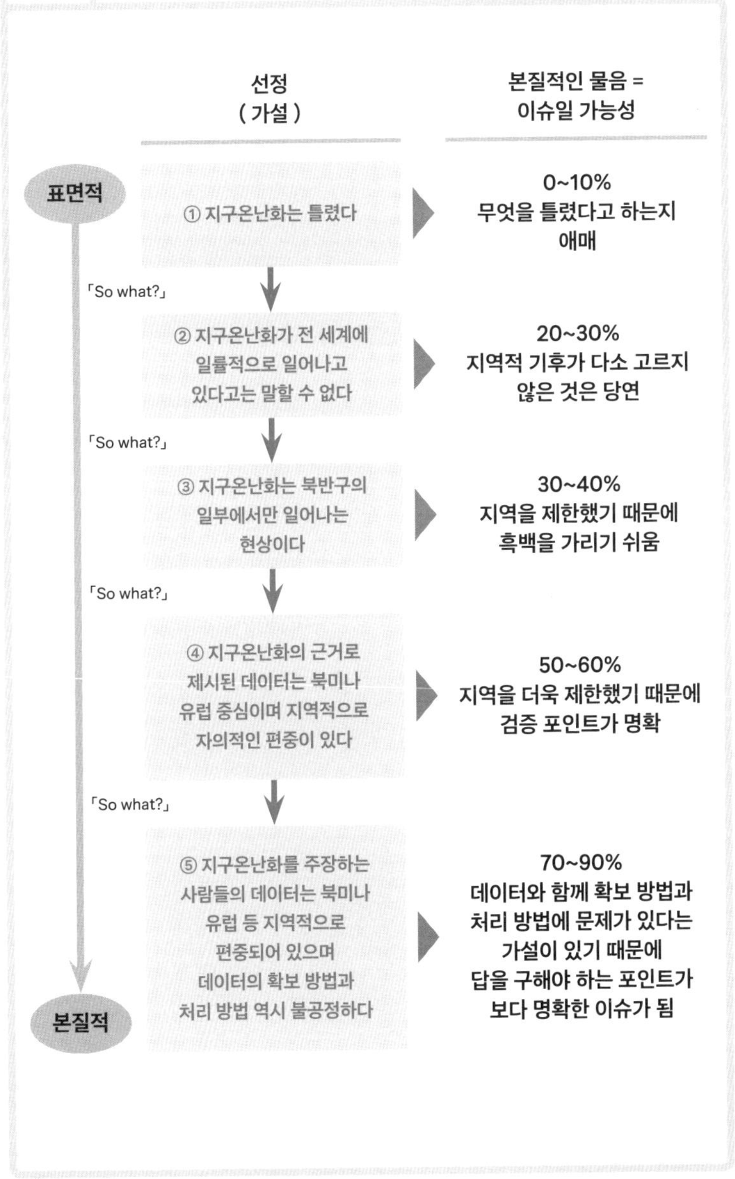

다. 나아가 애매한 자의적에도 So what을 계속한다.

○ 지구온난화를 주장하는 사람들의 데이터는 북미나 유럽 등 지역적으로 편중되어 있으며, 데이터의 확보 방법과 처리 방법 역시 불공정하다.

이러면 답을 구해야 하는 포인트가 보다 명확한 이슈가 된다.

1939년 1월 16일 세계 최초의 핵분열로 알려진 실험이 성공했다는 이야기가 엔리코 페르미의 귀에 들어왔다. 탁월한 통찰력의 소유자로 잘 알려진 그는 곧바로 "핵분열이 발생한다면 핵분열 시에 남은 상당히 큰 에너지가 방출될 것", "이때 마찬가지로 남은 몇 개의 중성자가 방출될 것", 그 결과 "방출된 중성자가 다음 우라늄과 충돌하여 기하급수적으로 늘어날 것, 즉 연쇄반응의 가능성을 나타내는 것"이라고 지적했다고 한다. 이것은 그야말로 So what의 반복으로 이슈를 찾은 훌륭한 사례다. 또한 그의 지적은 이후 현재의 전력 생산에서 몇 십 퍼센트를 담당하는 원자력과 원자폭탄 개발로 이어지는 역사적인 통찰이었다.

다만 이 So what을 반복하여 가설을 다듬는 작업은 꽤 어렵다. 가설을 세우는 데만 눈 깜짝할 사이에 시간이 흘러 뇌가 더 이상 돌아가지 않을 정도로까지 지치는 경우도 허다하다. 처음에는 좀처럼 진척되지 않는 것이 당연하다. 따라서 혼자 고민하기보다는 팀원과 질문해 가며 진행하면 좋다.

접근법⑤ 극단적 사례 생각하기

요소나 변수가 숨어 있는 경우에는 몇 가지 중요한 변수를 극단적인 수치로 나타내면 어느 요소의 움직임이 핵심인지 알 수 있다.

회원제 사업의 수익 향상에 문제가 생겼다고 하자. 하나의 사업에도 수익원은 여럿이다. '상품 매출=수익 A', '회원비=수익 B', '광고 이용=수익 C' 등이 있을 때 '수익 향상으로 이어지는 변수가 무엇인가' 하는 가설은 쉽게 세울 수 없다. 이럴 때 시장 규모, 시장 점유율 등 기본 요소를 극단적인 수치로 바꾸었을 때 어떤 상황이 발생할지를 생각해본다.

'시장이 10배 커지면' 혹은 '5분의 1로 줄어들면', '시장 점유율이 3배가 되면' 혹은 '3분의 1로 줄어들면'과 같이 생각하는 것이다. 이렇게 해서 핵심이 되는 요소의 후보를 세 가지 정도로 줄일 수 있다면 그중에서 어떤 것이 진짜로 큰 요소인지가 분명해지며 이슈가 보인다.

앞서 언급한 것들이 전부라고는 할 수 없지만 대체적으로 이런 접근법을 활용하면 본질적인 이슈를 찾아 심오한 가설을 세울 수 있다.

그래도 잘 안 되는 경우에는 이슈를 해결 가능한 형태로 재설정할 수 없는지를 생각해보고, 그래도 어려울 경우에는 '이 이슈는 답을 구할 수 없다'고 결론짓고 다른 본질적인 이슈가 없는지 찾아보는 것이 현실적인 접근법이다.

같은 주제라 해도 가설을 세우는 방법이 주도면밀하며 대담하고 실험 접근법이 정교한 경우와 가설을 세우는 방법이 허술하고 접근법도 흔해빠진 경우는 하늘과 땅의 차이가 발생한다. … 천재라 불리는 사람들이 일을 진행하는 방식을 보면 가설을 세우는 방법과 접근법이 무척 개성적이고, 번뜩임과 직관에 크게 의존하고 있음을 알 수 있다.

-분자생물학자, 하코모리 센이치로

Part 2

가설 다루기 1

이슈 분해와
스토리라인 짜기

이슈 분석이란 무엇인가?

생산성을 극단적으로 향상시키기 위해 가장 중요한 것은 1장에서 언급한 '정말로 의미 있는 문제', 곧 이슈를 판단하는 것이다. 그러나 지금까지 서술한 대로 이슈를 판단하는 것만으로는 가치 있는 일이 등장하지 않는다. 이슈를 판단한 다음에는 '해답의 질'을 충분히 끌어올려야 한다.

해답의 질을 높이고 생산성을 크게 향상시키는 작업이 바로 스토리라인 구성과 여기에 근거한 그림 콘티 작성이다. 이 두 가지를 합쳐 '이슈 분석'이라고 한다. 이슈 분석이란 이슈의 구조를 분명하게 하고 그 안에 숨어 있는 서브 이슈를 밝혀내면서 분석의 이미지를 구상하는 과정이다. 이슈 분석을 통해 최종적으로 무엇을 창출할 것인지, 무엇을 전달하는 것이 중요한지, 이를 위해서는 어떤 분석이 핵심인지 등 궁극적인 활동의 전체상이 명확해진다.

스토리라인과 그림 콘티는 검토 진행 과정에서 계속 수정해 나간다.

처음에는 이슈 검토의 범위와 내용을 명확하게 하는 데에, 다음 단계에서는 진행 관리나 애로 사항을 판단하는 데에 유용하게 쓰인다. 최종 단계에서는 프레젠테이션이나 논문 완성에 활용하면 전체 요약으로도 유용하다.

검토 프로젝트를 시작했다면 가능한 빨리 스토리라인과 그림 콘티 1차 버전을 만든다. 3~4개월의 프로젝트라면 1주차 말에, 늦어도 2주차 초에는 일주일 간의 답인 1차 스토리라인을 구성하는 것이 바람직하다.

이번 장에서는 스토리라인 구성과 진행 요령을 소개하고, 3장에서는 그림 콘티 작성 요령을 소개한다.

이슈 기점에서 스토리 짜기

이슈 분석의 첫 번째 단계인 스토리라인 구성의 구체적인 사례를

그림 1 이슈 분석의 전체 모습과 스토리라인 구성

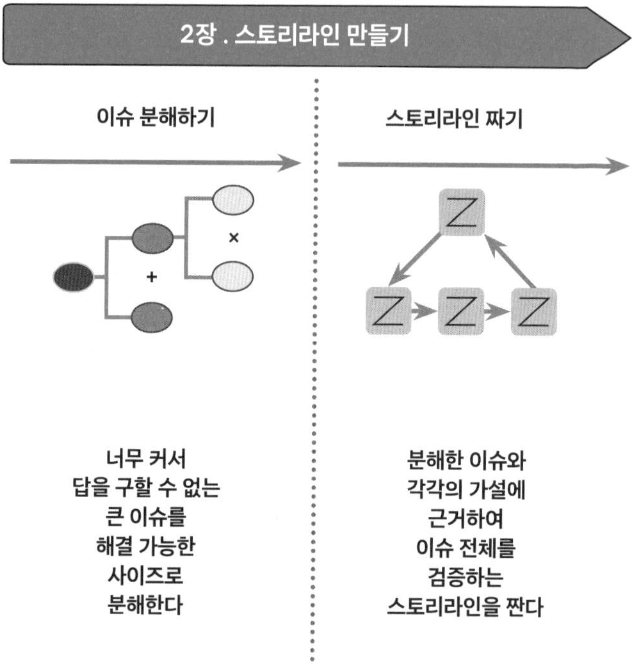

살펴보자.

한때 나는 블로그에 '일본 대학의 재원 문제'라는 글을 쓴 적이 있다. 현재 일본 대학에서 실행 중인 통폐합과 비용 절감이 재원 문제의 해결책이 될 수 있는가 하는 내용이었다. 내가 처음에 가설처럼 적었던 것은 다음과 같은 스토리라인이다.

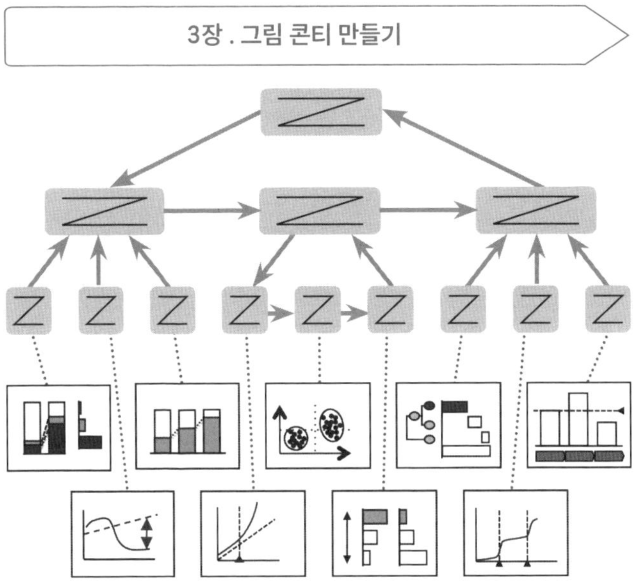

스토리라인 각각의 서브 이슈에
필요한 분석과 검증 이미지를 정리한다

- 일본의 대학은 아무리 주요 대학이라도 근본적으로 자금이 부족하다.
- 일본의 대학과 세계 일류 대학의 차이는 학비와 수익 사업에 있는 것이 아니라 거액의 투자 수입과 국가 지원 등 구조적인 수입 구성에서 비롯된 것이다.
- 투자와 지원 등 모든 면에서 세계 일류 대학과 일본의 대학은

전혀 다른 수준의 자금 규모와 관련 구조를 가지고 있다. 일본의 대학은 이를 쉽게 따라잡을 수 없다.

○ 위의 사항을 감안했을 때 현재 일본의 대학이 실행 중인 업무 개선과 통폐합과 같은 방법으로는 세계 일류 대학과 어깨를 나란히 할 만한 대학 운영을 실현하기 어렵다.

○ 세계 일류 대학 수준의 경제 기반을 구축하고 싶다면, 대학의 자주 재원 확보와 함께 국가 지원금의 대대적인 증액을 목표로 설정하고 이를 위한 로드맵을 그려야 한다.

실제로는 검증 가능한 요소를 더 자세하게 파고들었는데 이 정도면 스토리라인의 대략적인 이미지를 파악할 수 있다.

이 경우 자주 나타나는 접근법은 다음과 같다.

1. 이슈(대학의 재원 문제)에 관한 정보를 끌어모으고
2. 정보가 다 나왔다 싶은 단계에서 모은 정보의 의미를 생각하고
3. 이를 나열하여 스토리를 짠다

이렇게 개별 분석을 진행하면서 검증 결과를 추가하고, 경우에 따라서는 정말로 모든 정보를 모았는지 되짚어서 재차 정보를 수집하기 시작한다. 그러나 여기서 소개하는 방법은 이와는 전혀 반대다. 극적으로 생산성을 높이기 위해서는 '이슈와 관련 가설이 옳다

면 어떤 논리와 분석으로 검증 가능한지' 최종 모습에서 미리 앞당겨 생각해본다.

스토리라인을 구성하는 과정에는 두 가지 작업이 있다. 하나는 '이슈를 분해하는 것'이고, 다른 하나는 '분해한 이슈에 근거하여 스토리라인을 짜는 것'이다. 먼저 이슈 분해를 설명하겠다.

Step 1. 이슈 분해하기

의미 있는 분해란

대개의 경우 이슈는 여러 의미를 내포하고 있기 때문에 단번에 답을 내기가 어렵다. 그래서 근본적인 이슈를 답을 구할 수 있는 크기로 분해한다. 분해한 이슈를 '서브 이슈'라고 한다. 서브 이슈를 밝히면 부분별 가설이 명확해지고 최종적으로 전달하고자 하는 메시지가 분명해진다.

이슈를 분해할 때는 중복과 누락 없이 자르는 것과 본질적으로 의미 있는 덩어리로 자르는 것이 중요하다.

계란 성분이 건강에 미치는 영향이 이슈라면 서브 이슈에서는 흰자와 노른자 등의 성분으로 나누어 검토하면 된다. 그러나 이때 삶은 계란을 얇게 저민 것처럼 비슷비슷한 서브 이슈만 나열하여 설정하는 실수를 자주 범한다. 중복과 누락이 없는 것은 분명하지만 무엇과 무엇을 비교하고, 무엇에 대한 답을 구하고자 하는지가 알 수 없다.

그리 멍청한 일은 없으리라 생각하겠지만 실제로 이와 비슷한 사례를 많이 보았다. '중복과 누락 없이'라는 개념은 'MECE'라는 개념으로 설명하는 경우가 많은데, 이런 개념을 막 배우기 시작했

그림 2 무의미한 분해와 의미 있는 분해

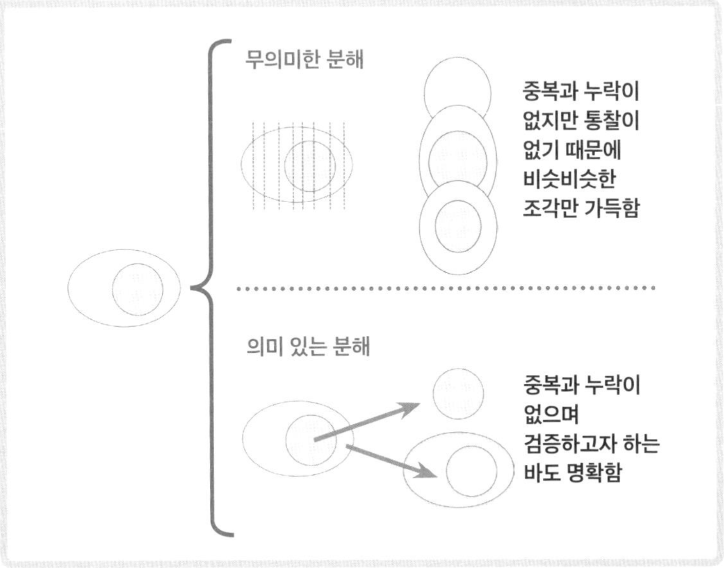

을 때는 나누어야 할 구조에까지 관심을 갖지 못하는 경우가 많다.

'한 상품의 매출을 늘리고 싶다'는 과제를 검토한다고 하자.

매출을 분해하려면 개수×단가, 시장×점유율, 이용자 수×이용자 1인당 매출, '서울 지역 매출+부산 지역 매출+기타 지역 매출' 등 무수히 많은 방법으로 나눌 수 있다. 모두 중복과 누락이 없기는 하지만 각각의 검토가 같은 답으로 이어지는 일은 결단코 없다. 즉 도입부에 해당하는 '나누는 법'에서 잘못하면 분석 자체가 막다른 길에 다다를 가능성이 크다. 따라서 본질적인 덩어리로 나누는 것은 매우 중요한 사항이다.

사업 콘셉트 분해

이슈 분해를 예로 생각해보자.

신규 사업 콘셉트의 유망한 아이디어를 검토하는 프로젝트의 경우는 사업 콘셉트 자체가 아주 큰 개념이기 때문에 이대로 가설을 정하고 이슈를 다듬으려고 해도 애매한 가설만을 설정하게 된다. 다양하게 사업 콘셉트를 생각할 수 있겠지만 그중 하나로 다음과 같은 것이 있다.

○ 공략할 시장의 니즈

○ 사업 모델

사업 콘셉트를 이 두 요소의 곱으로 생각했을 때 서로 제약을 받기는 하지만 각각을 독립된 사항으로 다룰 수 있다.

구체적인 가설이 없는 단계에서 시장의 니즈 이슈는 '어느 시장의 집단과 니즈를 대상으로 할 것인가'이며, 사업 모델 이슈는 '어떤 사업 구조로 가치를 제공하면서 사업을 유지할 것인가'이다.

그림 3 **사업 콘셉트의 구조**

이 단계에서도 여전히 이슈의 덩어리가 크기 때문에 답을 구하기 위해서는 한 단계 더 나눈다. 시장 니즈의 경우는 다음의 세 가지 서브 이슈로까지 파고들면 가설 설정이 쉬워지고 구체적인 검토로 이어질 수 있다. 사업 모델도 같은 방법으로 분해한다.

- ○ 어떤 세분 시장으로 나눠져 있으며 동향이 어떠한지 … 니즈 시점에서의 세분화, 세분 시장별 규모와 성장도
- ○ 시대적으로 유의해야 할 사항이 있는지 … 불연속적인 변화의 유무와 내용, 이용자의 트렌드 변화 유무와 내용, 국내외 첨단 사례에서 배울 점
- ○ 구체적으로 어느 시장의 니즈를 공략할 것인지 … 가능한 옵션, 경쟁사 시점에서의 평가, 자사의 강점, 착수하기 쉬운 정도의 평가

이슈를 분해하는 방식

지금까지의 이야기를 듣고 이슈 분해는 어렵다고 생각했을지도 모른다. 그러나 다행히도 대부분의 전형적인 문제에는 이슈를 분해하는 방식이 있어서 이 방식을 사용하면 해결이 가능하다.

앞서 소개한 사업 콘셉트 분해도 전형적인 방식 중 하나인데, 비즈니스 세계에서 사용하기 좋은 것은 사업 단위의 전략을 입안할 때 사용하는 'WHERE·WHAT·HOW' 방식이다. 내용은 아주 단순하다. 다음 3가지로 이슈를 분해하여 정리한다.

○ WHERE … 어떤 영역을 공략할 것인가?
○ WHAT … 구체적으로 어떤 승리 전략을 구축할 것인가?
○ HOW … 구체적인 계획을 어떻게 실현할 것인가?

여기에서 말하는 사업 전략의 정의는 다음과 같다.

○ 시장을 포함하는 사업 환경의 구조적인 이해에 근거하여
○ 자사의 강점을 잘 살린 지속적인 승리 전략을 명확히 하고
○ 일관된 비즈니스 방법으로 정리한 것

이렇게 명확하게 정의할 수 있는 것은 이를 기본으로 이슈를 분해할 수 있다. 이것이 그대로 답으로 이어지지는 않지만 어떤 형태로든 힌트가 되는 경우가 많다.

내 전공 분야인 뇌신경과학의 경우는 영역 내 분류인 다음 3가지로 이슈를 큼직하게 분해하는 경우가 많다.

○ 생리학적(기능)

○ 해부학적(형태)

○ 분자세포생물학적(구조)

어떤 병의 원인을 생각하는 경우라면 다음과 같다.

○ 이와 같은 신경 움직임의 이상이 발생하며(기능)

○ 이와 같은 신경계의 변화가 나타나고(형태)

○ 여기에는 이 유전자의 변화가 계기가 되었다(구조)

많은 검토 주제에는 위와 같은 분해 방식이 존재한다. 여기에서 자신의 시각을 더한 방식을 만드는 것이 무엇보다 중요하다. 새로운 주제를 접할 때마다 과거의 유사 사례를 모아서 살펴보고, 공통항을 기본으로 자신의 시각을 더해 자신만의 방식을 만들어보자.

방식이 없을 때는 역산하기

신규성이 높은 과제는 이슈 분해 방식이 없을 경우도 있다. 비즈니스 분야에서는 이러한 과제를 해결하는 전문 컨설팅 회사가 있기도 한데 항상 이들에게만 의존할 수는 없는 법이다. 또한 과학 연구 분야에는 여기에 해당하는 존재 자체가 없다. 그러나 이런 경우에도 방법은 있다.

지금은 존재하지 않는 전자상품권이라는 상품을 개발해야 하는 상황을 상정해보자.

여기에서 전자상품권은 인터넷상에 가치가 존재하며 이용 장소가 제한적이고 타인과 주고받는 것을 전제로 하는데, 기존의 전자화폐와는 다른 개념이다. 아직 세상에 존재하지 않는 상품이기 때문에 상품을 구성하는 요소나 전체적인 틀 자체가 분명하지 않다.

이럴 때는 1장에서도 언급한 최종적으로 원하는 것부터 생각한다.

상품 개발이 과제인 이번 경우 최종적으로 원하는 것은 핵심적인 상품 콘셉트이다. 그러니까 다음과 같은 것이다. 이 점이 분명하지 않으면 이야기를 진전시킬 수 없다.

1. 언제, 누가, 어떤 장면에서 사용하는 것인지 / 왜 이것이 기존의 지불 방법보다 나은지

콘셉트 다음으로 필요한 것이 경제학적 형태다.

2. 비용이 얼마나 발생하며, 역할 분담은 어떻게 할 것인지 / 채

산성을 어떻게 맞출 것인지

신용카드를 예로 들면 카드를 발행하는 회사, 이용 상점 유치와 유지 관리를 하는 회사, 전자 정보를 처리하는 회사의 3개사가 역할과 비용을 분담하여 업무를 진행한다. 전자상품권의 경우에는 가치를 발생시키는 기능을 누가 담당할 것인지도 고려해야 한다. 기능을 전부 파악해서 각각의 기능을 어느 회사에서 담당할 것인지를 결정한다. 그러나 이 정도만 가지고는 여전히 사업은 불가능하다. IT 시스템도 검토해야 한다.

3. 이러한 형태에 근거하여 시스템을 어떻게 구축하고 운용할 것인지

1~3의 내용이 정해지면 기본적인 상품의 구조는 완성되지만 여전히 비즈니스가 불가능하다. 구조와 함께 다음과 같은 마케팅 관련의 광범위한 과제가 존재한다.

4. 이 전자상품권을 뭐라고 부를 것이며(네이밍), 기존 브랜드와 어떤 상관관계를 유지할 것인지(브랜딩) / 로고나 기본 디자인은 어떻게 할 것인지(디자인 시스템 구축) / 이 사업을 어떻게 진행시킬 것인지(프로모션)

여기에 여전히 중요한 사실이 남아 있다.

5. 사용 상점과 발행 장소를 확정하고 확대 목표를 설계하여 추진하는 전략적 제휴

6. 도입 상점 지원과 본부 유지 관리 지원 기능을 정비하는 상점 지원 업무 설계

이 전자상품권의 경우는 이렇게 가상 시뮬레이션을 통해 적어도 여섯 가지의 검토 사항이 있으며, 사항별로 각각 답을 구해야 할 이슈가 있다는 것을 알 수 있다.

이처럼 최종적으로 무엇을 원하는지부터 생각하고, 이를 시작으로 필요 요소를 여러 번 가상 시뮬레이션하는 것이 중복과 누락이 없는 이슈 분석의 기본이라 할 수 있다.

이슈 분해의 효용

이슈 분해와 과제 정리에는 다음의 두 가지 효용이 있다.

첫째. 과제의 전체상을 파악하기 쉽다.

둘째. 우선순위가 높은 서브 이슈를 파악하기 쉽다.

전자상품권의 예를 다시 살펴보자. 이슈를 나누어야만 검토해야 할 과제의 전체상을 파악할 수 있다. 그래야만 무엇을 어디까지 검토해야 하는지가 명확해지는데 그 외의 사항은 신경 쓸 필요가 없다는 사실을 알게 된다. 또 우선순위를 정할 때는 핵심 콘셉트를 정하는 것이 첫 정리 과제이며, 그 다음은 경제학적 형태 정리, 나머지는 앞선 과제가 해결된 뒤에 생각해도 된다는 사실을 알게 된다. 이런 과정을 통해 검토 단계를 어떻게 설계할지, 어디에 사람을 배정할지 등을 그려볼 수 있다.

그림 4 전자상품권의 예에서 살펴보는 서브 이슈의 관련성

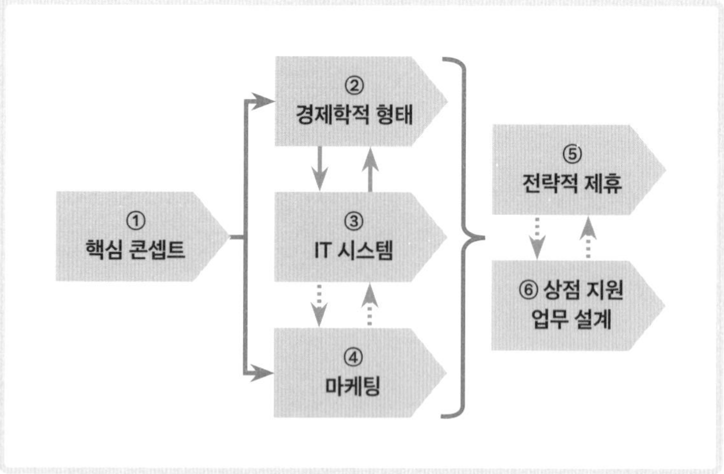

검토 단계에서 서로 다른 것이 섞여 있을 때는 먼저 분류하여 현재 상태에서 가장 의미 있는 이슈를 명확히 한다.

분해 후 각각의 가설 세우기

1장에서 '가설 세우기'의 중요성을 언급했는데 가설은 이슈를 분해한 뒤에도 아주 중요하다. 이슈를 분해하고 정리한 서브 이슈에 대해서도 범위를 정해 가설을 세운다. 가설의 기준이 되는 생각이 있으면 가장 좋지만 없으면 억지로라도 범위를 잡는다. 애매모호하게 하지 않고 메시지를 분명하게 할수록 필요한 분석의 이미지가 명확해지기 때문이다. 전체 이슈를 확인할 때와 마찬가지로 뚜껑을 열어봐야 안다는 생각은 절대로 하지 말자.

1장에서 설명했기 때문에 여기서는 보충하는 정도로만 언급하겠다. 사업 전략을 검토할 때 자주 등장하는 서브 이슈에는 '앞으로 시장이 어떻게 될 것인가' 하는 문제가 있다. 이 부분도 어떤 관점에서 이 서브 이슈가 문제라고 생각하는지는 실제로 가설을 세워보지 않으면 모른다.

○ 기술 혁신의 영향을 고려한다

○ 신규 진입자가 경쟁 환경에 변화를 줄 것이라고 생각한다
○ 규모 면에서 전망이 일반적으로 알려진 것과는 다르다고 상정한다

각각의 경우에 따라 전혀 다른 분석과 검토가 필요하다.

칼럼

MECE와 프레임워크

지금까지 이슈를 나누는 방식을 설명했는데, 문제를 검토하는 단계마다 중요한 역할을 하는 MECE(미씨)와 프레임워크 두 가지 개념을 설명한다.

이슈를 판단하기 위한 정보 수집 단계와 이슈를 분해하는 단계에서 등장한 중복과 누락 없이와 같은 사고법을 'MECE'라고 한다. 원래 내가 근무하던 컨설팅 회사의 사내 용어였는데 이것이 확산되면서 이미 알고 있는 사람도 있을 것이다. 그리고 이 사고법을 이용한 폭넓은 사고법의 틀을 '프레임워크'라고 부른다. 프레임워크는 이슈를 판단하는 단계에서는 전체적인 정보 수집에 도움이 되고, 이슈를 분해하는 단계에서는 이슈를 나누는 방식으로 폭넓게 쓰일 수 있다.

상품 개발 등 '사업'을 주어로 한 검토라면 '3C: Customer(고객), Competitor(경쟁사), Company(자사)'라는 프레임워크에서 시작하면 잘 풀리는 경우가 많다. 예를 들어보자.

○ 고객 | 새로운 세분 시장에서 나타나는 고객의 니즈가 크고, 지금의 주력 상품으로는 커버하지 못하기 때문에 잠재적 불

그림 5 **MECE = 중복과 누락 없이**

		이미지	예
MECE[1]가 맞음	중복도 없고 누락도 없음	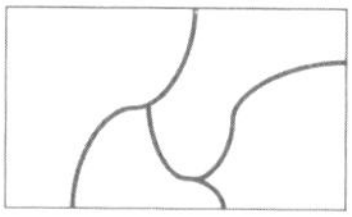	미혼인 사람 기혼인 사람 이혼 또는 사별한 사람
MECE가 아님	중복은 없지만 누락이 있음	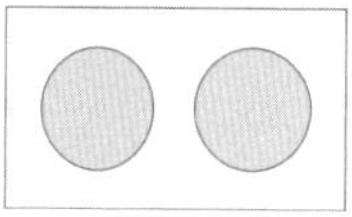	초등학생과 대학생
	중복도 있고 누락도 있음	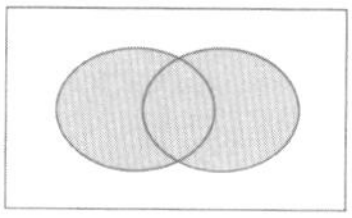	갸루[2]와 양마마[3]
	누락은 없지만 중복이 있음	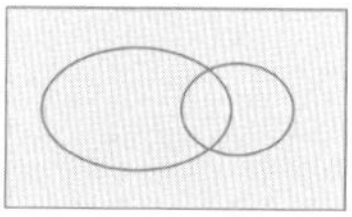	운동하는 사람 운동하지 않는 사람 야구를 좋아하는 사람

1 MECE : Mutually Exclusive & Collectively Exhaustive의 머릿글자.
2 갸루 : girl의 일본식 발음. 진한 태닝과 화장, 화려한 헤어스타일과 패션의 여고생이나 30대 젊은 여성을 부르는 말.(역주)
3 양마마 : young and yankee mamma의 줄임말. 10~20대 초반에 결혼하여 출산한 젊은 엄마를 부르는 말.(역주)

만이 크다

- 경쟁사 | 이 니즈는 경쟁사의 주력 영역을 감안했을 때 당분간 실질적으로 무경쟁 상태일 듯하다
- 자사 | 이 사업은 자사 사업과도 시너지 효과가 크며 상품 제조에서도 강점을 살릴 수 있다

위와 같은 형태로 이슈를 분해하고 스토리를 구성한다.

물론 적절한 프레임워크가 없는 경우도 있지만 이슈를 지탱하는 서브 이슈를 한쪽에서부터 철저히 공략해서 나누고, 비슷한 느낌의 것을 묶으면 프레임워크처럼 사용할 수 있다.

서브 이슈를 밝힐 때는 무엇을 알면 의사 결정이 가능한지를 염두에 둔다. 제조업의 설계·조달·제조·출하 테스트처럼 순서대로 발생하는 것이라면 시계열에 따라 요소를 찾아내는 것도 하나의 방법이다. 어느 쪽이든 중복과 누락이 없는 MECE 사고법을 이용하고, 특히 이슈를 분해하여 논리 구조를 짜는 단계에서는 '누락 없이'를 중요시하자.

과학 분야든 비즈니스 분야든 어느 정도 확립된 프레임워크가 있지만 스토리라인 구성에 활용할 수 있는 것은 많지 않다. 필요에 따라 습득해서 사용하면 된다. 또한 모두가 알고 있는 프레임워크라고 해도 반드시 자신의 주제에 도움이 되는 것은 아니다.

그림 6 대표적인 프레임워크(사업 검토의 경우)

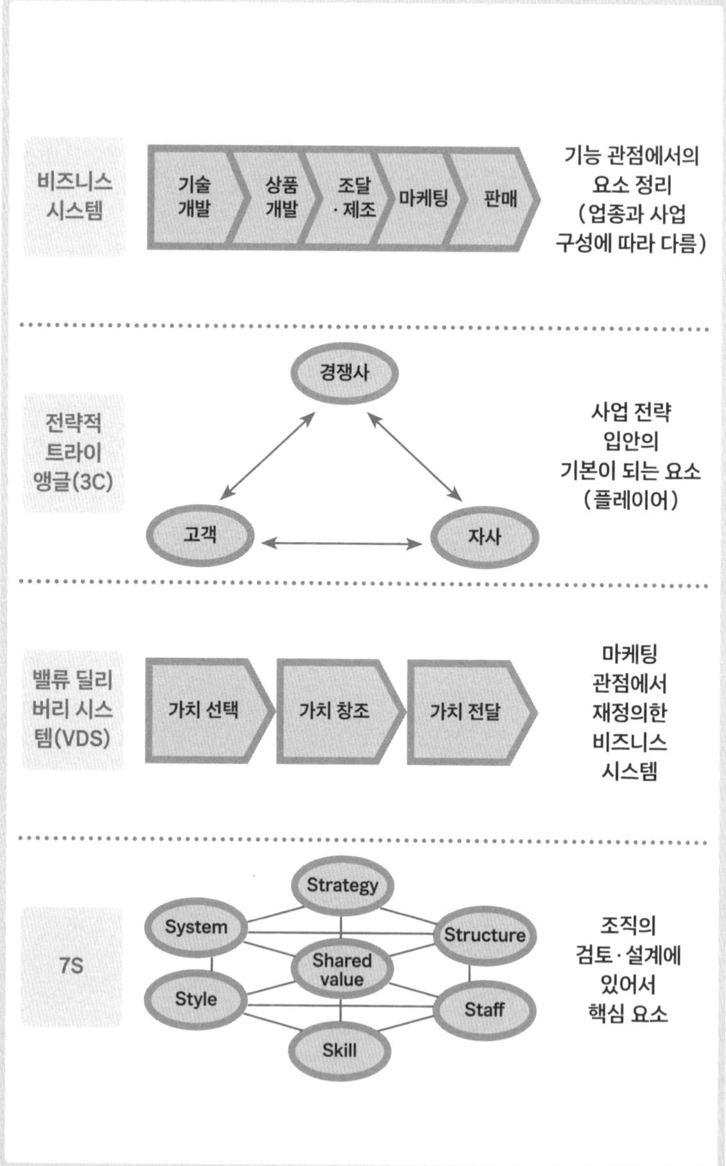

프레임워크에 너무 집착한 나머지 눈앞의 이슈를 그 프레임워크에 억지로 끼워 맞춰서 본질적인 포인트를 놓친다거나 자신만의 통찰과 시각을 살리지 못하는 경우는 반드시 피해야 한다. 앞에서도 언급한 대로 '망치를 들고 있으면 모든 것이 못으로 보인다'는 상황에 빠지는 것은 주객이 전도된 꼴이며, 이런 사태까지 이를 정도라면 프레임워크 따위는 차라리 모르는 편이 낫다. 맥킨지 대선배인 오마에 겐이치의 '3C'라든지, 앞서 소개한 하버드 비즈니스 스쿨 교수인 마이클 포터의 '5 forces'라든지 아무리 유명한 프레임워크라도 만능은 아니라는 사실을 항상 머릿속에 입력해두자.

Step 2. 스토리 라인 짜기

이슈를 분해한 다음 서브 이슈에 가설을 세웠다면 자신이 최종적으로 무엇을 말하고 싶은지가 명확해진다. 이제 거의 다 왔다.

이슈를 분석한 다음은 분해한 이슈에 근거하여 스토리라인을 짜는 단계다. 분해한 이슈의 구조와 각 가설을 감안하여 최종적으로 말하고 싶은 것을 제대로 전달하기 위해 어떤 순서로 서브 이슈를 나열할 것인지를 생각한다.

전형적인 스토리 흐름은 다음과 같다.

1. 필요한 문제의식과 전제의 지식 공유

2. 핵심 이슈와 서브 이슈의 명확화

3. 각 서브 이슈의 검토 결과

4. 전체를 종합하여 의미 정리

일련의 프레젠테이션이나 논문에 필요한 요소를 정리하여 흐름을 지닌 조항 형태의 문장으로 통합한다.

스토리라인이 필요한 이유는 두 가지다.

첫째, 단순하게 분해한 이슈와 서브 이슈의 가설만으로는 논문이나 프레젠테이션이 되지 않기 때문이다. 이슈 분해 시에 소개한 사업 콘셉트를 살펴보자. '사업에서 공략하는 시장의 니즈는 이것이고, 니즈를 수용하기 위한 사업 모델은 이것이다'와 같은 결론만 나열한다고 해서 상대를 설득할 수 있는 스토리가 되지 않는다.

둘째, 스토리의 흐름에 따라서 이후에 필요할 분석의 표현 방법이 바뀌는 경우가 많기 때문이다.

누군가에게 무언가를 이해시키기 위해서는 반드시 스토리가 필요하다. 그것이 연구라면 논문의 흐름이며, 비즈니스라면 프레젠테이션의 흐름이다. 분석과 검증이 모두 끝나지 않은 시점에서 '가설이 모두 옳다면'이라는 전제로 스토리를 만든다. 어떤 순서와 흐름으로 이야기를 풀어내야 상대가 납득하고 감동과 공감을 얻을 수 있을까. 바로 이 점을 위해서는 분해한 이슈에 근거하여 제대로 스토리를 구성해야 한다.

사업 콘셉트의 스토리

스토리라인 구성을 구체적으로 생각해보자. 앞에서 언급한 사업 콘셉트의 경우 다음과 같은 스토리가 필요하다.

1. 문제의 구조

· 풀어야 할 문제는 '공략할 시장의 니즈', '사업 모델' 두 가지

· 현 상태에서는 둘 다 애매하며 재검토가 필요

2. 공략할 시장의 니즈

· 니즈의 확대

· 시대의 트렌드, 불연속적인 변화 발생(트렌드·경쟁 환경)

· 자사의 강점이 잘 사는 세분 시장은…(언급한 사항을 감안한 공략 사항)

3. 사업 모델

· 이 분야에서 이용할 수 있는 사업 모델은 5가지(이용 가능한 모델)

그림 7 이슈 분해와 스토리라인 구성: 사업 콘셉트의 예

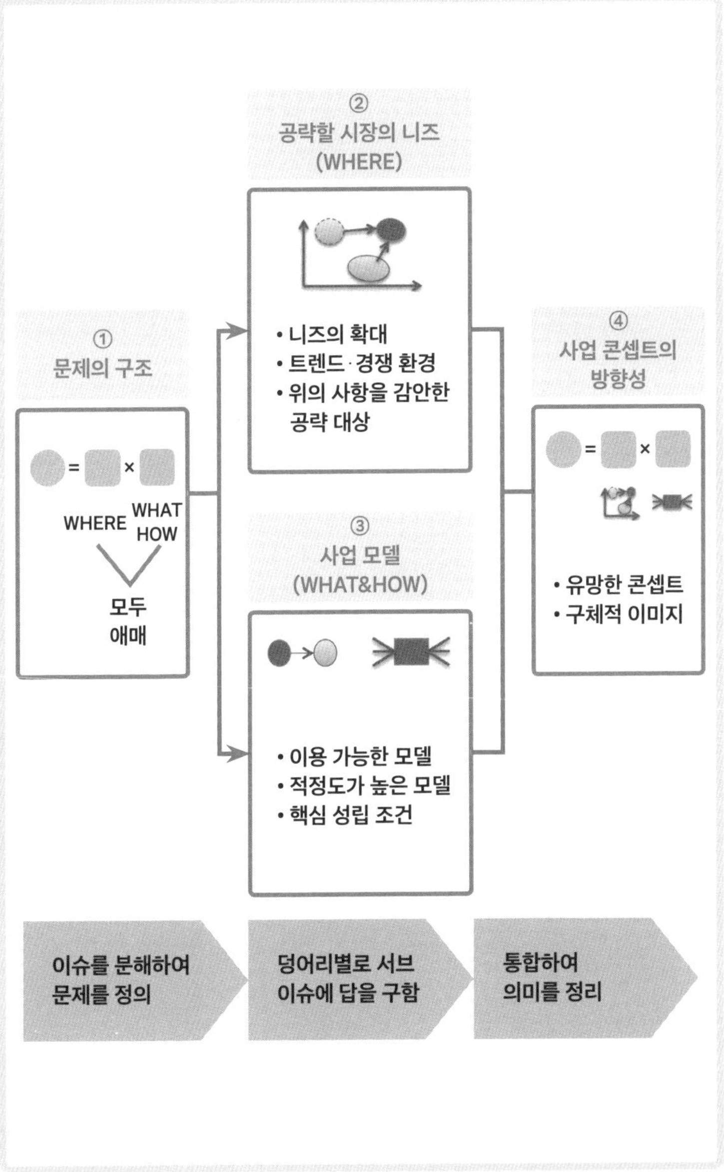

· 수익 증가의 정도, 강점 활용도에서 보았을 때 모델 A 또는 모델 B를 이용해야 함(적정도가 높은 모델)

· 모델 A와 모델 B 각각의 핵심 성립 조건은…

4. 사업 콘셉트의 방향성

· 공략할 시장의 니즈와 사업 모델을 감안하면 유망한 사업 콘셉트는 다음 4가지(유망한 콘셉트)

· 각 콘셉트의 구체적인 이미지는…

시나리오, 콘티 작성과 유사

스토리라인 구성은 영화나 애니메이션의 시나리오, 만화의 콘티 작성(줄거리와 대강의 이미지를 정리한 것)과 유사한 과정이다. 시나리오 작가와 만화가는 새로운 것을 만들어내는 과정에서 칠전팔도한다고 한다. 압도적인 생산성을 추구하는 우리 역시 이 부분에서 지혜를 쥐어짜야 한다.

디즈니·픽사의 애니메이션 영화 〈인크레더블〉의 메이킹 영상에서 제작진은 다음의 인상적인 말을 남겼다.

"시나리오가 완성되지 않으면 진도가 안 나간다."

"재미있는 장면이 머릿속에 떠오르는 경우가 있다. 하지만 그 장면만 재미있다면 별 의미가 없다. 앞뒤의 흐름이 중요하다."
"작품에서 가장 중요한 것은 역시 스토리다. 세세한 부분까지 움직임을 잘 파악해서 스토리를 단계적으로 구분하고 난 뒤에야 영화를 만들기 시작한다."
-마크 앤드루스

"시나리오를 쓰는 것은 정말 고통스럽다. 시작할 때는 아무것도 없다. 하지만 일단 스토리가 태어나기만 하면 나머지는 알아서 부풀어 오른다."
"장면의 중심이 되는 내용만 강조하고 나머지는 생략한다. 단순히 리얼하게 쓰면 되는 것이 아니다."
-브래드 버드

어떻게 생각하는가? 그야말로 내가 하고 싶은 말이다.

스토리라인의 역할

가능한 앞당겨서 미리 스토리라인을 만든다고 하면 어떤 사람은 '수읽기군요. 그럴듯한 아이디어가 떠오르지 않으면 이쯤에서 끝낸다는 말이네요' 하고 말한다.

하지만 이는 큰 오산이다. 스토리라인은 검토를 진행하고 서브 이슈에 답을 구할 때마다, 새로운 사실을 알아내거나 깨달았을 때마다 고쳐 쓰는 것이다. 문제를 검토하는 모든 과정에 따라다니는 최상의 친구, 이것이 바로 스토리라인이다.

각 단계별 스토리라인의 역할을 다시 정리해보자.

● 시작 단계

이 단계에서는 판단의 대상(핵심 서브 이슈)이 무엇이며, 무엇을 검증하기 위해 어떤 활동을 할 것인지에 대한 목적 의식을 갖고자 스토리라인의 활동이 도드라진다. 스토리라인은 검토의 범위를 명확히 한다. 이 부분이 조기에 완성되면 팀 활동이 오락가락하지 않고 활동 분담도 편해진다.

● 분석·검토 단계

실제로 분석을 진행하는 단계에 들어서면 스토리라인이 더욱 중요해진다. 스토리라인을 살펴봄으로써 이슈의 가설 검증이 어디까지 되어 있는지 명확히 알 수 있다. 스토리라인은 분석 결과와 새로운 사실이 나타날 때마다 살을 붙이고 수정해 나간다. 팀 미팅 시에는 기본 툴로 사용할 수 있다.

● **마무리 단계**

이 단계까지 오면 스토리라인은 최종 프레젠테이션 자료와 논문을 정리하는 최대 추진 장치가 된다. 따라서 비즈니스 프레젠테이션이라면 서머리, 논문이라면 초록의 기본이 된다. 이 단계에서는 언어의 분명함과 논리의 흐름이 결정적으로 중요한 역할을 하는데 이를 다듬기 위해서도 스토리라인은 반드시 필요하다.

이제 수읽기적인 생각과는 거리가 멀다는 점을 이해했을 것이다.

스토리라인은 살아 있는 것으로 분석과 정보 수집은 모두 스토리라인을 따르는 종에 불과하다. 여기에서 언어로 명확하게 표현할 수 없는 생각은 결국 다른 사람에게 제대로 전달할 수 없다. 막연하게 아이디어만 떠오른다면 주어와 동사를 분명하게 제시하여 도대체 자신이 말하고 싶은 것이 무엇인지를 조항 형태로 명확하게 표현하는 '이슈와 가설 찾기'를 매일 시도하기를 권한다. 이것을 정리하다 보면 스토리라인으로 이어지고, 결국 자신과 팀 활동의 지표가 된다.

스토리라인의 두 가지 방식

이런 점에 근거해서 스토리라인을 만들라고 해도 도대체 무슨 소리인지 이해하지 못하는 사람이 있다. 그러나 이슈 분해 작업과 마찬가지로 이 단계에도 잘 다듬어진 방식이 있으니 안심하기 바란다. 현장에서 연습하다 보면 문제를 해결할 수도 있겠지만 요령이나 포인트 정도는 알아두는 것이 좋다. 이런 면에서 보면 자전거 타기 연습과 유사하다.

논리적으로 검증할 스토리를 작성할 때는 두 가지 방식이 있다. 하나가 'WHY 나열', 또 하나가 '하늘·비·우산'이다. 둘 중 하나의 방식을 스토리의 기본으로 삼으면 스토리라인은 비교적 쉽게 완성된다.

● WHY 나열

WHY 나열은 단순한 방법이다. 최종적으로 말하고 싶은 메시지에 이유나 구체적인 방법을 나란히 줄지어 세워 메시지를 보완하는 것이다. 경우에 따라서는 방법을 나열할 수도 있다.

예를 들어 안건 A에 투자해야 한다고 할 경우 적어도 다음 세 가지 관점이 필요한데 그 각각에 WHY를 나열해본다.

1. 왜 안건 A가 매력적인지… 시장 혹은 기술 관점에서의 전망과 성장성, 경제적인 예측 수익률, 시세를 고려했을 때 이익의

정도, 불연속적인 경영 리스크의 유무 등

2. 왜 안건 A에 착수해야 하는지 … 관련 사업에서 이 안건이 가져올 가치, 스킬, 자산, 규모, 기타 경쟁 우위성, 진입 장벽 생성의 용이함 등
3. 왜 안건 A에 착수할 수 있는지 … 투자 규모, 투자 이후의 핸들링 가능성 등

'첫 번째로, 두 번째로, 세 번째로'와 같은 형태의 설명이라고 말하면 이해하기 쉬울지도 모르겠다. 이 부분 역시 의사 결정자나 평가자로부터 논점이 없다고 공격받지 않기 위해서는 중요한 요소를 '중복과 누락 없이' 선택한다.

● **하늘 · 비 · 우산**

스토리라인 구성의 또 다른 기본형은 하늘·비·우산이다. 대다수는 이 방법을 더 편하게 생각한다.

○ 하늘 … ○○가 문제다(과제 확인)
○ 비 … 이 문제를 해결하기 위해서는 이 부분을 판단해야 한다(심화 연구)
○ 우산 … 그럼 이렇게 해보자(결론)

이처럼 하늘·비·우산은 스토리를 짜고 최종적으로 말하고 싶은 것(보통은 우산의 결론)을 받쳐주는 형태다. 우리가 일상 대화에서 사용하는 방식이다. 참고로 앞선 '사업 콘셉트' 검토 사례도 이 방식을 따른다.

외출하면서 '우산을 가지고 나갈 것인가' 하는 문제는 일상생활에서 항상 생기는 이슈다. 그 답을 구하기 위해서는 다음의 흐름으로 판단한다.

○ 하늘 … 서쪽 하늘이 참 맑다
○ 비 … 현재 하늘 상태를 봐서는 당분간 비는 안 올 것 같다

그림 8 피라미드 구조

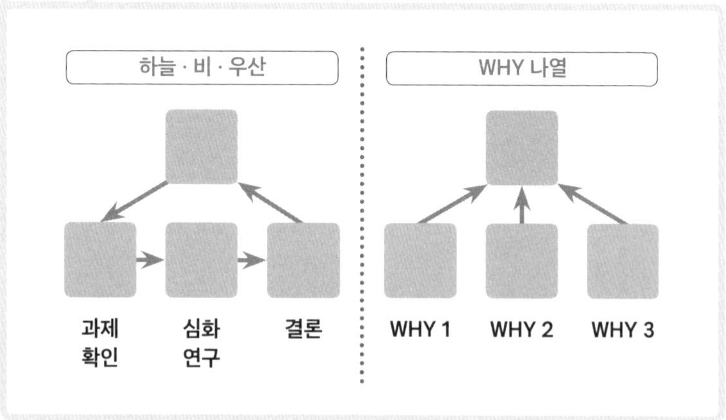

○ 우산 … 그럼 오늘은 우산 없이 나가도 되겠다

이 하늘·비·우산의 방법으로 논의할 때는 대개 '비' 부분에서 발생한 과제에 얼마나 심도 있는 연구를 진행하는지가 관건이다.

WHY 나열이든 하늘·비·우산이든 최종적으로 전달하고자 하는 사항을 몇 가지 서브 메시지가 받쳐주는 구조이기 때문에 시각적으로 표현하면 피라미드 형태가 된다.

이 피라미드 구조는 WHY 나열이나 하늘·비·우산처럼 논리 구조를 활용하여 결론과 그 결론을 받쳐주는 요점을 단시간에 고객에게 전달하는 기존의 커뮤니케이션 스킬에 이름만 붙인 것이다. 다시 말하면 결국 그게 전부다. 이미 이야기를 구조화하여 잘 전달하고 있다면 크게 신경 쓰지 않아도 된다.

실험에는 두 가지 결과가 있다. 만약 결과가 가설과 일치하면 당신은 무언가를 계측한 것이다. 만약 결과가 가설과 다르다면 당신은 무언가를 발견한 것이다.

-물리학자, 엔리코 페르미

Part 3

가설 다루기 2

그림 콘티로
스토리 작성하기

그림 콘티란 무엇인가?

이슈를 찾고 이슈를 검증하기 위한 스토리라인이 완성되었다면 다음은 분석 이미지(각각의 그래프나 도표 이미지)를 디자인한다. 여기에서도 '분석 결과가 나오지 않으면 아무것도 생각할 수 없다'고 말하지 않는다. 그저 '최종 전달해야 하는 메시지'(이슈의 가설을 증명한 것)를 생각했을 때 나라면 어떤 분석 결과를 봐야 이해할 것인지, 상대를 이해시킬 수 있을 것인지를 항상 염두에 두어야 한다. 이때 예상되는 것을 스토리라인에 따라 앞당겨 작성해본다.

나는 이렇게 분석 이미지를 작성하는 작업을 '그림 콘티' 만들기라고 부른다. 이슈를 분해하여 조립한 스토리라인은 아직 말로만 존

그림 1

이슈 분석의 전체상과 그림 콘티 만들기

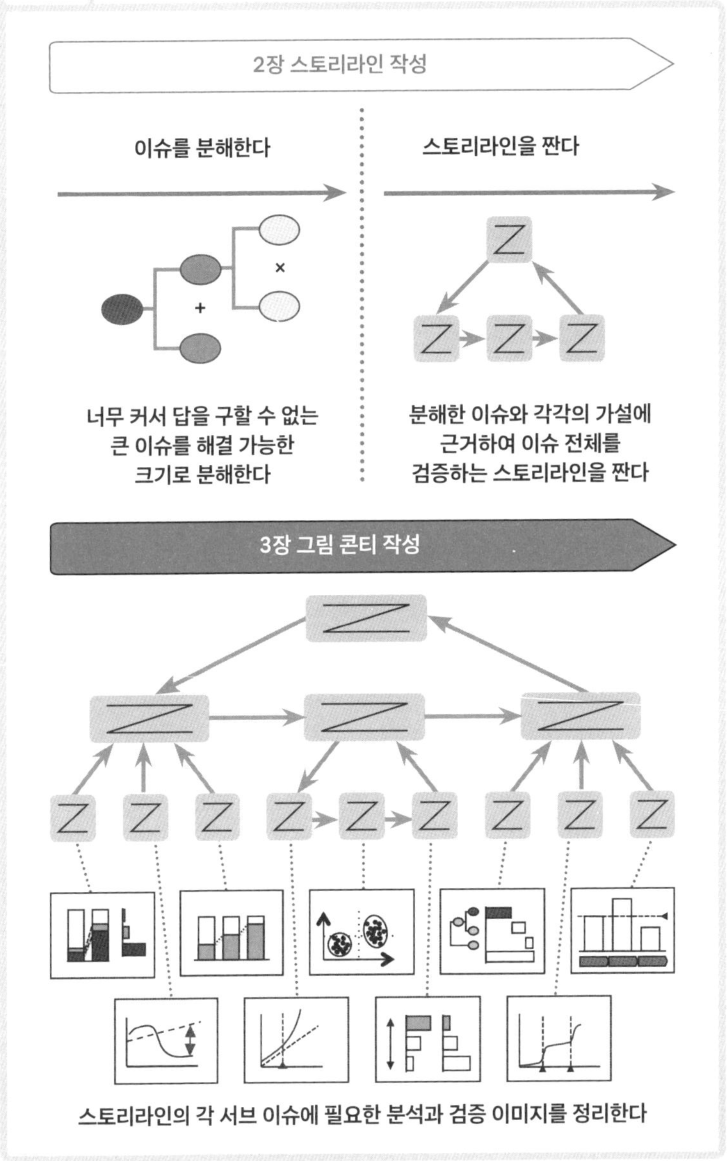

재한다. 여기에 구체적인 정보의 이미지를 시각적으로 조합하면 최종 청사진을 제시할 수 있다. 이번 장에서는 이슈 분석 후반에 해당하는 이 작업의 요점을 소개한다.

그림 콘티 작성은 프라모델이나 건축 설계도 작성과 유사하다. 설계도라고 하면 마치 제일 첫 단계라고 생각하기 쉽지만 이는 위험한 생각이다. 만약 설계도부터 시작한다면 '논리'라는 주춧돌 없는 건축물을 세우게 될 수도 있기 때문이다. 실제로 시장을 제대로 이해하지 않고 자신의 상황에 맞춰 세운 사업 계획은 도처에서 찾아볼 수 있는데, 그야말로 주춧돌 없는 건축물이라고 할 수 있다. 세운 순간 무너져 내린다. 이런 공포스러운 사태에 이르지 않기 위해서는 2장까지 살펴본 이슈 판단과 분해, 이에 기초한 스토리라인을 작성해야 한다.

그림 콘티 작성 이미지

그림 콘티 작성을 구체화해보자. 이슈를 분해하여 나열한 스토리라인에 따라 필요한 분석 이미지를 나열한 것이 기본적인 그림 콘티다. 몇 장이건 필요한 만큼의 그림 콘티를 작성한다.

그림 2 **그림 콘티의 이미지**

과제 영역	서브 이슈 (스토리라인상의 가설)	분석 이미지	분석 방법 · 정보 출처
현상 인식	일본의 대학은 아무리 주요 대학이라도 근본적으로 자금이 부족하다	**학생 1 인당 예산 비교** 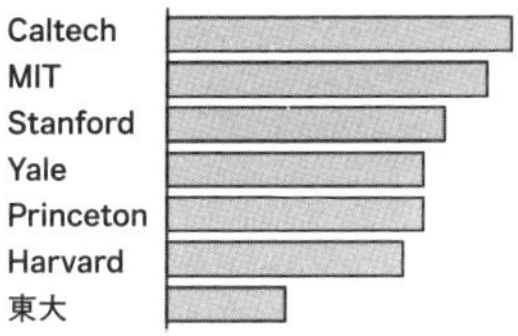 	• 각 대학의 연간 보고서 • 홈페이지 • 기사 검색
현상의 배경	이 차이는 학비나 사업 수익에 의한 것이 아니라 거액의 투자 수입, 국가 지원 등의 구조적인 수입 구성에서 비롯된 것이다	**학생당 예산 내역 비교** 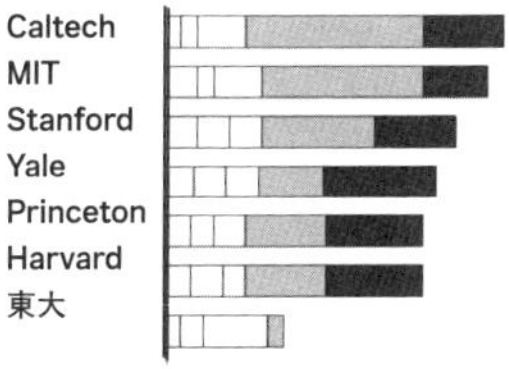 	(상동)
구조적인 차이의 원인 (1)	투자액의 차이는 일본의 대학과는 전혀 다른 수준의 자금 규모와 관련 구조 등 쉽게 해결하기 어려운 차이가 원인이다	**운용 자금 비교** 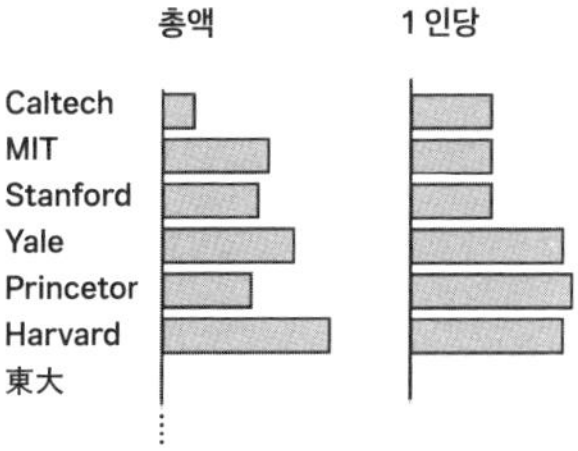 	(상동)

이 작업은 정해진 포맷을 사용하여 진행하면 편하다. 종이를 세로로 나누어 서브 이슈(스토리라인상의 가설), 분석 이미지, 분석 방법, 정보 출처를 정리한다. 팀으로 작업할 때는 그 옆에 담당자와 마감일을 적어두면 좋다. 작성을 완료하는 순간 그림 콘티가 완성된다.

이미 많은 경험이 있어 주제 자체가 익숙하고 얻어야 할 정보의 출처나 조사 방법도 확실하다면 단순하게 종이를 몇 개의 칸으로 나누어 분석 이미지만 작성하면 된다. 이 경우에도 어떤 서브 이슈에 어떤 분석 이미지가 맞는지를 명확하게 해둔다.

그림 콘티를 작성할 때는 과감하게 그린다는 마음가짐이 중요하다.

'어떤 정보를 얻을 수 있는지'가 아니라 '어떤 분석 결과를 얻어야 하는지'를 목표로 분석 이미지를 만든다. 이 과정에서도 '이슈부터 시작하기' 관점에서 분석을 설계하는 것이 중요하다. 이 정도면 얻을 수 있겠다는 안이한 수준의 정보부터 분석을 설계하는 것은 주객전도다. 만약 이 수순을 밟았다면 지금까지 해온 이슈 판단과 스토리라인 작성이 모두 도로아미타불이 된다.

어떤 정보가 있어야 스토리라인의 각 가설인 서브 이슈를 검증할 수 있을까의 관점에서 대담하게 디자인한다. 물론 실제로 그 정보를 얻을 수 없다면 아무런 의미가 없다. 그러나 그 정보를 얻고자

그림 3 칸을 활용한 분석 이미지 작성의 예

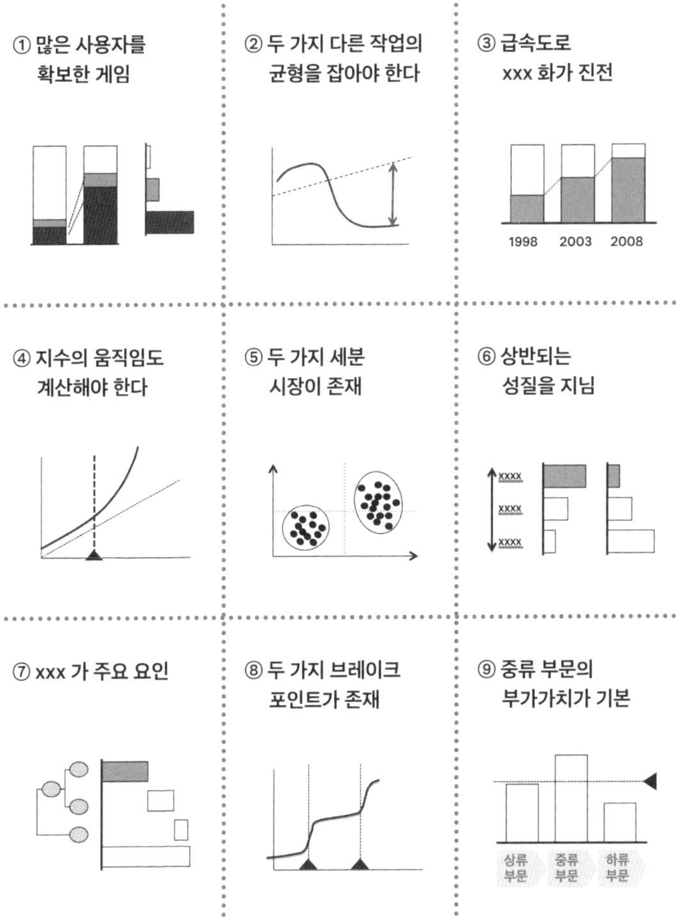

한다면 어떤 방법을 취해야 하는지까지도 생각하는 것이 그림 콘티를 작성하는 이유이기도 하다. 경우에 따라 기존의 방법으로는 전혀 실행하지 못할 수도 있고 더욱 큰 노력이 들 수도 있다. 이렇게 이슈 관점에서 정보를 얻는 방법과 분석 방법에 성장이 보이면 좋은 신호다. 제대로 이슈에 근거하여 그림 콘티를 작성했다는 증거이기도 하다.

그렇다면 그림 콘티 작성의 3단계인 축 정리, 이미지 구체화, 방법 명시의 요점을 살펴보자.

Step 1. 축 정리하기

분석의 본질

그림 콘티 작성의 첫걸음은 분석의 틀 작성, 즉 축을 정리하는 것이다. 여기에서 말하는 '축'이란 분석의 세로와 가로의 분포를 말한다. 단순히 무엇을 조사한다는 것에 그치지 않고 어떤 축으로 어떤 값을 어떻게 비교할 것인지 구체적으로 설계하는 것이다.

나는 지금까지 많은 사람을 대상으로 분석에 관한 교육을 했는데 그때마다 항상 같은 질문을 던졌다. '분석이란 무엇일까?'

이 질문에 사람들은 이렇게 많이 답했다.

○ 나누는 것

○ 숫자로 표현하는 것

최근에는 사업 전략에 관한 책이 넘쳐나서 그런지 이런 대답도 나왔다.

○ 전략적인 과제를 검토하는 것

모두 어느 정도 의미 있는 말이기는 하지만 분석의 본질이라는 관점에서 생각하면 핵심을 찌른 대답은 없다.

'분석이란 나누는 것'이라고 많이 듣는 대답인데 사실 나누지 않는 분석도 많다. 예를 들어 '서울의 평균 소득은 지방보다 높다'는 사실을 검증할 때 서울과 창원을 대상으로 각각의 1인당 혹은 가구당 평균 소득을 똑같이 비교하는 것만으로는 부족하다. '서울과 지방은 연령층이 다르다'는 전제가 있다면 동일한 연령층의 평균을 비교하면 된다. 나누기를 할 필요가 전혀 없다.

'분석이란 숫자로 표현하는 것'은 어떨까? 얼핏 맞는 말 같지만 사실 숫자로 표현하지 않는 분석도 있다. 예를 들어 네안데르탈인의 두개골과 현대인의 선조인 크로마뇽인의 두개골을 겹쳐서 살펴보자. 그러면 눈썹 윗부분의 뼈가 올라온 형태나 볼의 경사 등 여러 가지 차이점을 찾을 수 있다. 이 방법도 교과서나 논문에서 자주 볼 수 있는 훌륭한 분석법이다. 어떤 약품이 신경계에 미치는 영향을 조사한다면 약제의 유무나 농도별로 사진을 찍어서 비교할 수 있다. 숫자를 전혀 사용하지 않았지만 이 방법도 훌륭한 분석법이다.

'분석이란 전략적인 과제를 검토하는 것' 역시도 지금까지의 예처럼 주제가 전략적인 과제가 아닌 과학 연구와 같은 세계에서도 매일매일 분석이 이루어지는 것을 보면 본질을 꿰뚫은 대답이 아니라는 것을 알 수 있다.

'분석이란 무엇인가?'

분석은 비교, 즉 견주는 것이다. 분석이라고 불리는 것을 보면 공통적으로 공평하게 대상을 비교하고 그 차이를 살피는 것임을 알 수 있다.

'자이언트 바바(일본의 프로레슬링 선수-옮긴이)는 크다'고 말했을 경우를 생각해보자. '이것은 분석인가?'라고 사람들에게 물어보면 대다수가 분석이 아니라고 답한다. 그러나 자이언트 바바의 신장을 일본인과 다른 나라 사람의 평균 신장과 비교해서 보여주면 대다수는 분석이라고 답한다.

이 차이는 단순히 '비교'의 유무이다. 비교가 말에 신뢰를 심고 비교가 논리를 성립시키고 비교가 이슈에 답을 준다. 훌륭한 분석은 세로축과 가로축의 분포, 즉 비교의 축이 명확하다. 그리고 그 각각의 축이 이슈에 답을 구하는 데 직결된다.

말하자면 분석 단계에서는 적절한 '비교의 축'이 핵심이다. 어떤 축으로 무엇과 무엇을 비교하면 그 이슈의 답을 구할 수 있는지를 생각한다. 바로 이것이 그림 콘티 작성의 첫걸음이다. 정성적 분석이든 정량적 분석이든 어떤 축으로 무엇을 비교할 것인지, 어떻

그림 4 **분석의 본질: 자이언트 바바의 예**

게 조건을 분류할 것인지를 생각하는 것이 분석 설계의 본질이다.

정량분석의 세 가지 방식

정성분석 설계의 경우 그 의미를 분석하기 위해서는 정보를 정리하고 타입을 나눈다. 그러나 분석의 태반을 차지하는 정략분석에서의 비교는 종류가 세 가지밖에 없다. 표현 방법은 많이 존재하지만 그 배경이 되는 분석적 사고법은 세 가지다. 이 사실만 알고 있어도 분석 설계가 훨씬 수월해진다. 그렇다면 이 세 가지 방식이란 무엇일까? 다음과 같다.

그림 5 정량분석의 세 가지 방식

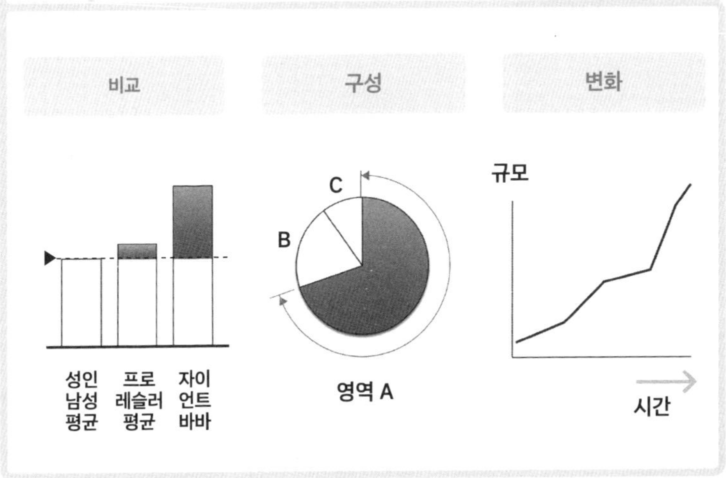

1. 비교

2. 구성

3. 변화

아무리 처음 보는 분석 표현이라도 실제로는 이 세 가지 표현에 변화를 준 것이거나 세 가지 표현을 조합한 것에 불과하다. 자세히 살펴보자.

● **비교**

분석의 본질은 비교라고 언급한 대로 비교는 가장 일반적인 분석 방법이다. 같은 양, 길이, 무게, 강도 등 어떤 공통 축으로 두 가지 이상의 값을 비교한다. 단순하지만 축만 잘 고르면 그만큼 명료하고 강력한 분석이 된다. 통찰력까지도 포함한 조건으로 비교할 수 있다면 상대의 마음을 움직이는 결과로 이어진다. 이런 조건을 깊이 생각하는 것이 비교에서의 축 정리다.

● **구성**

구성은 전체와 부분을 비교하는 방법이다. 시장점유율, 비용 비율, 체지방률 등 전체와 부분을 비교해야 그 의미를 갖게 되는 개념이 있다. '이 음료의 설탕 농도는 8%이다'라는 것도 '매일 탄산 음료를 마시는 사람은 5명 중 1명이다'라는 것도 구성에 의한 분석적 표현이다. 이런 예에서도 알 수 있듯이 무엇을 전체로 생각하고 무엇을 추출하여 논의할 것인지 의미를 생각하는 것이 구성에서의 축 정리다.

● **변화**

변화는 동일 사항을 시간 축으로 비교하는 것이다. 매출 추이, 체중 추이, 달러/원 환율 추이 등은 모두 변화에 의한 분석의 예다. 어떤 현상의 사전 분석과 사후 분석은 모두 변화를 응용한 것이다. 시간이라는 애매한 것으로는 축을 검토할 수 없다고 생각할지도 모르지만 '동트기 전'과 '동튼 후'를 비교한다고 할 때 동이 트는 순간을 제로로 기록하여 정보를 모으는 방법도 있다. 결국 변화에 있어서도 비교 대상의 축 정리가 중요하다.

분석 표현의 다양함

정량분석에는 비교, 구성, 변화의 세 가지 방식밖에 없지만 이를 표현하는 방법은 다양하다. 세 가지 방식은 각각 다양한 표현 방법이 있고, 세 가지 방식을 서로 곱한 표현 방법도 있기 때문이다. 다음 그림은 세 가지 방식을 분석 표현한 일례인데 비교만을 따로 떼어 봐도 많은 표현 방법이 있다는 사실을 알 수 있다. 차트의 형태를

그림 6 세 가지 방식을 사용한 분석 표현의 예

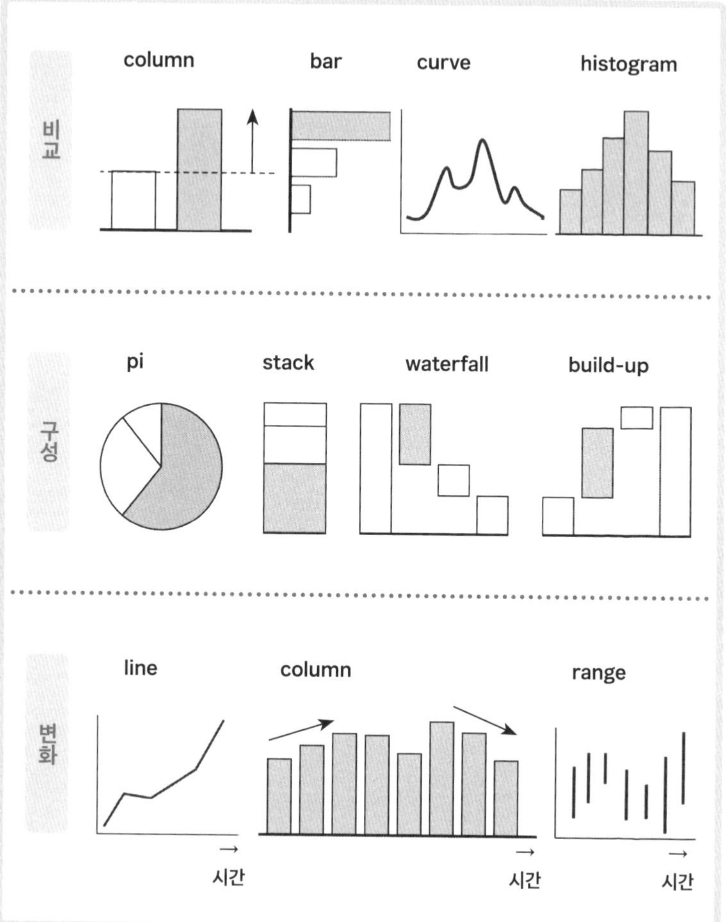

분석 방법이라고 생각하는 사람도 많은데 이는 올바르게 이해하지 못한 것이다.

복잡해 보이는 분석도 기본적으로는 모두 이 세 가지의 조합으로 이루어져 있다. 다음 그림은 세 가지 패턴의 축을 서로 곱한 경우인데 세 가지를 조합하면 얼마나 다양한 표현이 가능한지 알 수 있다.

그림 7 세 가지 방식을 서로 곱한 분석 표현의 예

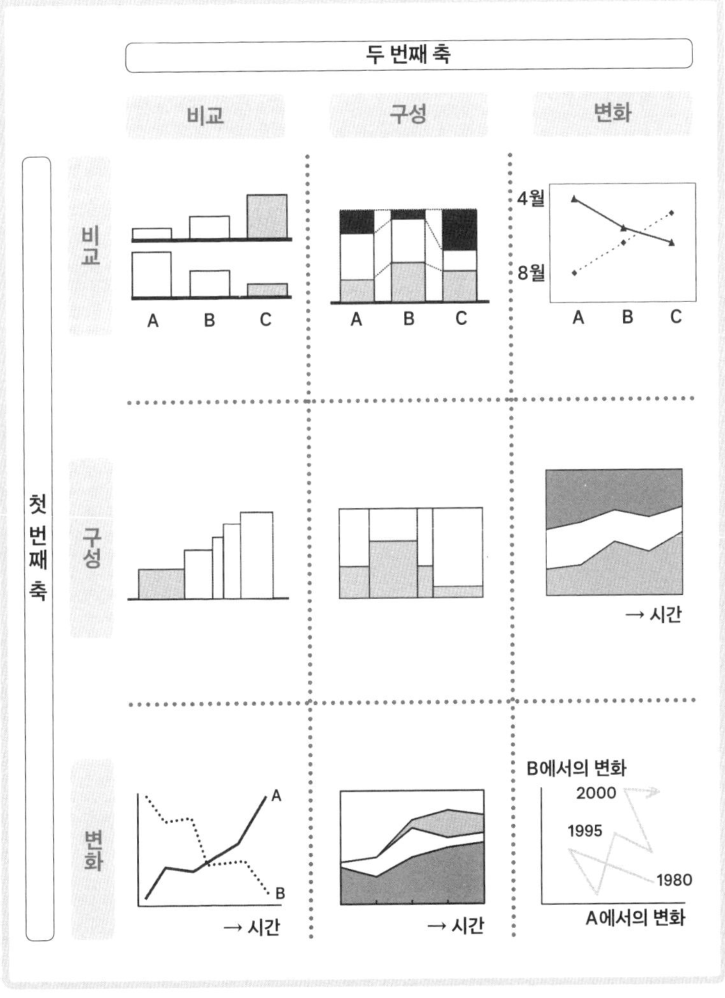

원인과 결과에서 축 생각하기

기본적으로 분석은 '원인'과 '결과'의 곱으로 표현된다. 비교 조건이 원인이며 그것을 평가하는 값이 결과다. 축을 생각한다는 것은 원인에서 무엇을, 결과에서 무엇을 비교하는지를 의미한다.

라면을 먹는 횟수에 따라 비만도에 변화가 발생한다는 사실을 검증하는 경우 원인 축은 라면을 먹는지 안 먹는지, 먹는다면 빈도는 어느 정도인지가, 결과 축은 체지방률, BMI(체질량지수)이다.

진심으로 많이 웃는 사람이 그렇지 않은 사람에 비해 건강하다

그림 8 **축 정리하기: 라면과 비만도의 예**

원인 축	×	결과 축
(절대값) • 먹는지 안 먹는지 • 먹는 빈도 (회 / 월) • 한 번에 먹는 양(양 / 회) • 같은 양으로 계산했을 때 먹는 빈도		(절대값) • 체지방률(체중%) • BMI
(변화) • 과거 6개월간의 빈도 변화 (늘었다, 변함없다, 줄었다) • 과거 6개월간의 빈도 변화량 (횟수 / 월)		(변화) • 체중 증감(kg/6개월) • 체지방률 증감(%) • BMI변화

는 이슈를 검증한다고 생각해보자. 원인 축은 '웃음의 질과 빈도'이며, 결과 축은 '건강도'이다. 웃음의 질과 빈도라고 한마디로 쉽게 표현할 수 있지만 여기에는 다양한 축이 있다. 예를 들면 다음과 같다.

- ○ 매일 어느 정도 웃을 일이 있는지 … 있음/없음, 있는 경우 그 빈도(비교)
- ○ 진심으로 웃을 일이 매일 어느 정도 있는지 … 있음/없음, 있는 경우 그 빈도(비교)
- ○ 웃는 횟수 중에서 어느 정도가 진심 어린 웃음인지(구성)
- ○ 웃는 정도는 이전과 비교하여 늘었는지 줄었는지, 증감이 있다면 언제부터인지(비교의 변화)
- ○ 최근 진심으로 웃는 비율이 늘었는지 줄었는지(구성의 변화)

결과의 건강도에는 더 많은 축이 있다.

- ○ BMI(비교)
- ○ 특정 건강 진단에서의 종합 평가(비교)
- ○ 내가 건강해서 행복하다고 느끼는 정도(비교)
- ○ 신체적으로 고통이나 이상을 느끼지 않는 날의 비율(구성)
- ○ 잠이 잘 들고 잘 일어나는 날의 비율(구성)
- ○ 최근 3개월간의 건강 지표 동향(비교의 변화, 구성의 변화)

이런 사항을 서로 곱하여 만드는 것이 실제 분석이다. 분석 설계라고 하면 어려울 것 같지만 그 본질은 단순하다. 원인과 결과 양쪽에서 어떤 비교가 필요한지, 어떤 것이 가장 정리된 결과로 이어지는지를 그림 콘티로 그려 생각한다. 이것이 축 정리의 본질이다. 그 축이 맞아떨어져서 정말로 의미 있는 분석 결과를 창출해냈을 때의 기쁨은 이루 말할 수 없다. 분명 이 결과는 전 세계에서 나만 알 거라는 희열을 만끽할 것이다.

분석의 축을 결정하는 방법

분석의 '축 결정'을 좀 더 생각해보자. 심각해질 필요는 없다. 비교할 때의 조건을 메모하면서 관련 있는 것들을 묶는 것이 가장 단순하면서도 손쉬운 방법이다. 스프레드시트나 워드의 아웃라인 기능 등을 이용해서 정리하는 것도 좋은 방법이다.

스포츠 음료를 마시는 장면을 분석할 때의 축 정리를 생각해보자. 머릿속에 떠오르는 수많은 장면을 하나씩 적어 나간다.

비슷한 것을 묶은 다음 축을 정리한다. 경우에 따라서는 두 가지 조건이 중복되는 것도 있다. 크게는 A와 B 두 가지 조건밖에 없어

그림 9 축 결정: 스포츠 음료를 마시는 장면의 예

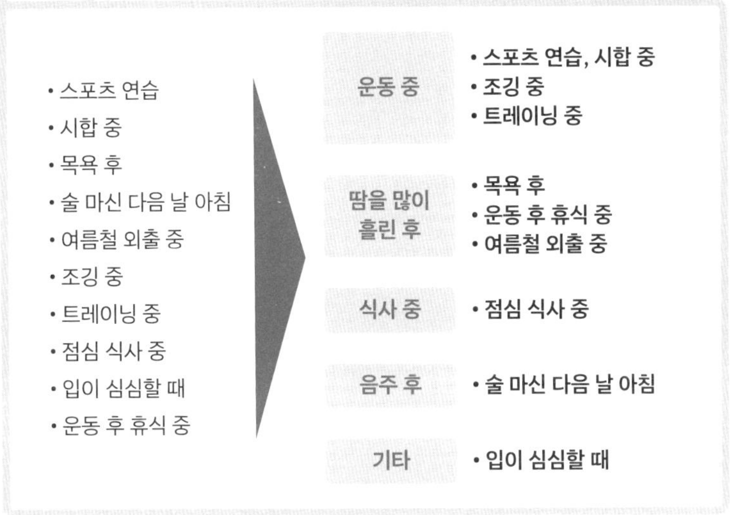

도 네 가지 경우가 있다.

○ A에만 속하는 경우

○ A와 B에 모두 속하는 경우

○ B에만 속하는 경우

○ A에도 B에도 속하지 않는 경우

실제로 A와 B에 모두 속하는 경우가 있는지를 살피고, 없다면 그 조건을 지우고 세 가지 조건으로 비교한다. 이 작업을 하다 보면 느슨한 생각이 사라지고 분석이 명료해진다.

Step 2. 이미지 구체화하기

숫자가 들어간 이미지 작성하기

축 정리가 끝났다면 다음으로 구체적인 숫자를 넣어 분석·검토 결과의 이미지를 작성한다. 정량분석의 경우 결과는 대개 차트로 표현하는데 숫자가 들어간 차트를 이미지로 그린다. 그리는 도중에 '축을 이렇게 그리는 것이 핵심'이라든가 '가로축 단위의 숫자 간격을 더 촘촘하게 해야 한다' 등의 사항을 깨닫는다. 이렇게 깨닫는 것 자체가 큰 보람이다. 실제로 분석을 시작했을 때 이러한 감각이 작업의 효율성을 크게 끌어올린다.

숫자 간격은 촘촘하기만 하면 된다고 생각하기 쉬운데 이는 가

그림 10 **차트의 이미지와 자릿수**

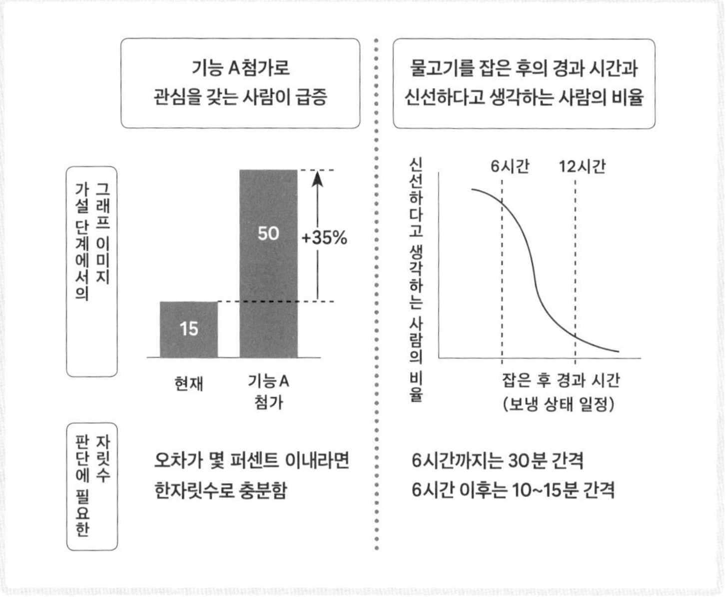

장 흔하게 범하는 실수다. 최종적으로 어느 정도의 정밀도를 갖춘 정보가 필요한지를 이번 단계에서 미리 생각한다. 50%인지 60%인지를 판단하는 데 0.1%의 간격 정보는 필요 없기 때문이다.

실제로 차트 이미지를 그려보면 어느 정도의 정밀도를 갖춘 정보가 필요한지, 무엇과 무엇의 비교가 핵심인지가 명확해진다. 가설에서 갑자기 큰 변화가 생길 것 같은 부분이 있다면 그 부분은 좀 더 촘촘한 정보를 확보해야 한다.

신제품 청량음료를 개발하는데 사람이 달다고 느끼는 설탕 농도

그림 11 사람이 달다고 느끼는 설탕 농도의 가설

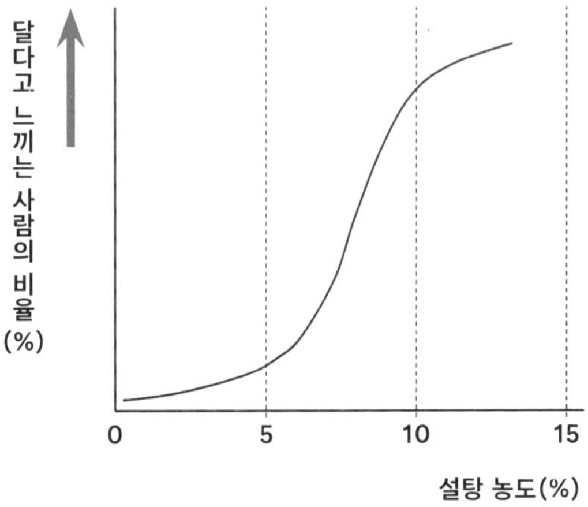

를 조사해야 한다고 치자. 우리 지각의 기본 성질을 생각한다면 설탕 농도의 결과는 직선이 아니라 S자 곡선일 것이라고 예측할 수 있다. 또 일반적인 청량음료의 설탕 농도가 5~10%라는 점을 감안하면 5%까지와 5~10%에서 감도가 크게 다를 가능성이 높고, 10% 이상에서는 다시 떨어질 것이라는 가설을 세울 수 있다.

이렇게 가설을 세우면 5~10%에는 자세한 정보가 필요하다는 사실을 알게 된다. 축을 정리하고 이미지를 구체화함으로써 필요한 검토 수준까지도 사전에 알 수 있다.

의미를 표현하기

실제로 숫자를 포함하는 구체적인 차트 이미지를 작성할 때는 '비교에 의한 의미'를 분명히 해야 한다. 분석에서의 의미란 무엇일까? 답은 아주 단순하다.

분석의 본질은 비교에 있다고 이미 말한 바 있다. 따라서 분석 혹은 분석적인 사고에서의 '의미'는 비교한 결과 차이가 있느냐이다. 즉 비교에 의한 결과의 차이를 명확하게 표현하는 것이 의미를 표현하는 포인트다. 다음의 세 가지가 명확하게 이해할 수 있는 전형적인 차이이다.

그림 12 의미의 본질

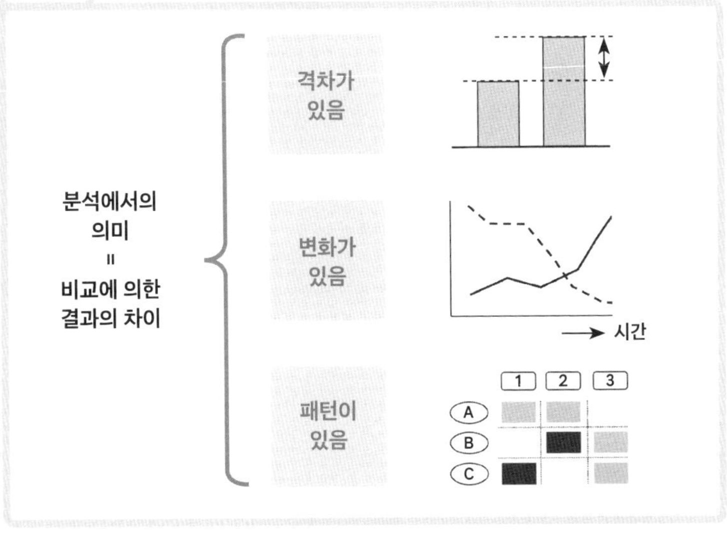

1. 격차가 있음
2. 변화가 있음
3. 패턴이 있음

이처럼 최종적으로 구하는 의미를 분석 이미지로 적어 내려간다. 분석을 시작하기 전 필요한 결과에 강한 의지를 가지고 있으면, 결과가 뜻대로 나오지 않을 경우에도 낙담하지 않고 포기해서는 안 되는 선도 분명해진다. 당연히 무엇을 알기 위해 분석하고 있는지 전혀 알 수 없다는 상황도 피할 수 있다. 이 단계는 최종 결과의 이미지를 상상으로 메우는 과정이다. '이러한 결과를 원한다'고 의식하며 즐기면서 하는 것이 요령이다.

Step 3. 방법 명시하기

어떻게 정보를 얻을 것인가

그림 콘티 작성은 축 정리와 이미지 구체화가 끝이지만 마지막으로 꼭 해두어야 하는 일이 있다. 어떻게 정보를 얻을 것인지 그 방법을 명시하는 일이다.

이슈를 설정하고 설정한 이슈를 토대로 스토리라인을 구성하고 여기에 맞추어 과감한 그림 콘티를 작성한다. 여기까지는 잘했는데 현실적으로 가장 중요한 정보를 얻을 수 있는 방법이 없다면 모든 것은 사상누각이다. 그림 콘티는 이슈 시점에서 대담하게 그리는 것에 큰 의미가 있지만 마지막 단계에서는 실제 접근법도 생각할 필요가 있다.

구체적으로는 '어떤 분석 방법을 사용하여 어떻게 비교할 것인지', '정보를 어떤 출처에서 얻을 것인지'와 같은 사항을 분석 이미지 우측에 적어놓는다. 과학 분야라면 구체적인 방법론이 대체로 명확할 것이다. 비즈니스 분야에서도 어떤 조사를 통해 정보를 얻을 것인지를 명시한다.

예를 들어 마케팅의 소비자 조사에는 여러 방법이 있는데, 자신이 구성한 스토리라인에서 채택해야 할 방법을 전혀 모르는 상황은 피해야 한다.

조사 응답자를 방문 면접으로 모을지 인터넷으로 모을지, 응답자 추출을 인구 구성에 비례해서 모을지 무작위로 모을지, 혹은 소속된 특정인을 모을지 등도 이슈가 무엇이냐에 따라서 중요한 사항이 된다. 일반적인 방식으로는 잘 풀리지 않을 수 있기 때문에 새로운 접근법이 필요한 경우도 있다. 이러한 사항을 활동 시작 단계에서 알면 여유를 가지고 일을 진행할 수 있다.

과학의 세계에서는 대단한 발견을 하기 전에 큰 방법을 개발하는 경우가 많은데, 이것이야말로 '이슈부터 시작하기' 접근법에서 유래했다고 할 수 있는 부분이다. 큰 벽을 허물기 위해 과거에는 없었던 집념으로 새로운 방법을 개발한 결과가 큰 진전으로 이어지는 법이다.

나는 도네가와 스스무에 관한 이야기를 좋아한다. 그의 노벨상 수상으로 이어진 면역계의 유전자 조작을 연구하던 시기의 에피소드다. 도네가와는 실험에서 DNA의 단편을 분리하는 젤(우무의 정제물을 굳힌 것)이 일반적인 분자생물학에서 사용하는 길이 20센티미터 정도로는 부족하다며 다른 분야에서 두세 배나 되는 젤을 가져와 연구의 장벽을 극복했다고 한다.

원하는 결과부터 생각하는 사람에게는 당연한 일일지라도 이를 이해하지 못하는 사람에게는 놀랄 만한 접근법이다. 기존 방법의 한계를 한발 넘어선 느낌이 든다면 '이슈부터 시작하기' 관점에서 제대로 분석을 설계하고 있는 것이다.

그렇지만 항상 새로운 방법을 발견해야 답을 구할 수 있다면 이 또한 큰일이 아닐 수 없다. 기존의 방법을 활용하는 것, 이용 가능한 방법의 의미와 한계를 올바르게 이해하는 것이 도움이 된다. 자신과 관련된 분야의 핵심 방법은 대충이라도 알아두는 것이 좋다.

소비자 마케팅의 경우를 예로 들면 앞서 언급한 대로 '조사'라고 한마디로 말해도 그 속에는 정성분석과 정량분석 각각에 해당하는 방식이 있다. 정량분석 조사 방법만 봐도 우편, 전화, 인터넷, 방문, 한 장소에서의 집중 실시 등이 있다. 모두 일장일단이 있는데 어느 한 가지 방식만 가능한 경우에는 다룰 수 있는 이슈의 폭이 꽤 좁아진다.

그림 13 방법의 다양함을 파악한다: 소비자 마케팅 조사 방법의 예

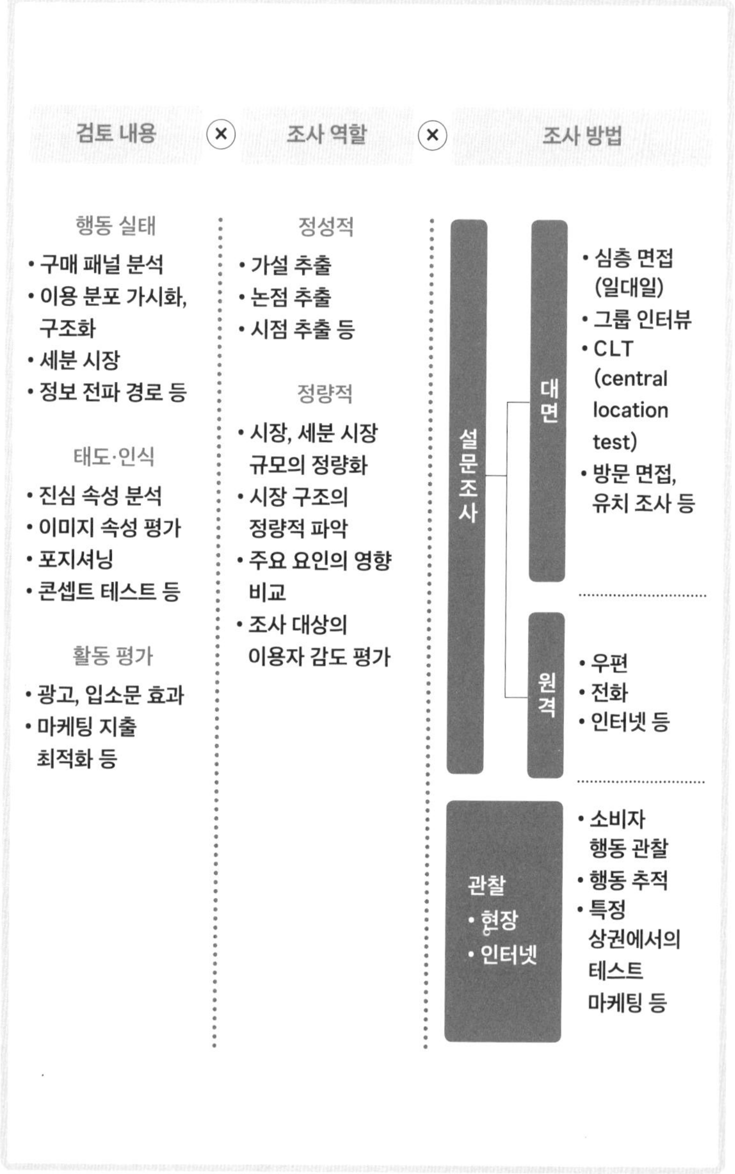

기존 방법을 대충이라도 알아두기 위해서는 어떤 분야든 상당한 시간이 필요하다. 지식이나 경험이 부족한 시기에는 다룰 수 있는 이슈가 제한되기 쉽기 때문에 그렇게 되지 않도록 다방면으로 노력해야 한다. 관련 분야의 전문가나 상담할 수 있는 사람을 몇 명 확보해두면 좋다.

라쿠고(일본식 전통 만담-옮긴이)를 하는 다치카와 단슌의 〈붉은 송사리〉라는 수필집이 있다. 이 책에 따르면 다치카와 파벌에서는 제 몫을 다해서 인정받는 '이인자'가 되기 위해 고전 라쿠고 50개를 마스터해야 한다고 한다.

실제로 어떤 분야든 전문가가 되는 수행의 대부분은 이렇듯 기존의 방법과 기술의 습득에 있다. 이때 '이슈부터 시작하기' 관점을 계속 의식한다면 여러 경우를 상정한 기술 습득 의지가 크게 높아진다. 눈이 높은 사람은 빨리 성장한다는 전문가 세계에서의 불문율은 이런 관점에서 나온 말이 아닐까.

칼럼

지각의 특징으로 보는 분석의 본질

이슈와 서브 이슈의 답을 비교 관점에서 분석을 설계하여 구하는 것이 왜 효과적일까? 이 부분의 해답을 나의 과학 전문 분야인 뇌신경계의 활동에서 살펴본다.

결론부터 말하자면 비교를 통해 답을 구해야 하는 이슈의 의미가 분명해지는 이유는 우리 뇌 정보 처리의 특징 때문이다. 1장에서도 잠시 언급했는데 사실 신경계에는 컴퓨터의 기억장치에 해당하는 것이 없다. 신경들이 서로 연결되어 있을 뿐이다.

지각의 관점에서 보았을 때 관심을 가져볼 만한 신경계의 특징 네 가지가 있다.

첫째. 역치를 넘지 않는 입력은 의미가 없다.

뇌신경계의 기본 단위인 단일 뉴런에서는 일정 수준 이상의 입력이 없으면 정보를 장거리로 전달하는 활동 전위가 발생하지 않는다. 이것을 '실무율 법칙all or none law'이라고 부르는데 신경계는 다

발이든 뇌 레벨이든 기본적으로 같은 특성을 갖는다. 그 결과 냄새나 소리에서 일정 강도 이상이 되면 바로 감지하게 되고, 일정 수준 이하가 되면 바로 감지하지 못한다. 컴퓨터도 최소 정보 모듈인 0과 1로 처리하는데 입력의 강도와 출력은 어디까지나 선(線)적인 관계에 있다. 한편 뇌의 경우에는 역치(閾値)가 입력의 의미를 갖는 선으로 존재한다.

둘째. 불연속적인 차이만 인지한다.

뇌는 완만하거나 연속적인 차이를 인식하지 못한다. 어떤 이질적이거나 불연속적인 차이만을 인식한다. 이것 역시 컴퓨터에서는 볼 수 없는 특징이다.

식당에서 우동을 먹을 때 좀 떨어진 곳에서 라면을 먹고 있는 사람이 있다는 사실은 금세 알아챈다. 그러나 바로 앞에 있는 우동 냄새가 먹는 도중에 몇 퍼센트 약해지는 것은 곧바로 알아채지 못한다. 소리나 시각 모두 같은 상황이 연출된다.

뇌는 이질적인 차이를 강조하여 정보를 처리하도록 진화했는데, 이는 뇌의 지각 활동을 연구할 때의 근원 원리 중 하나다. 또한 이것이 분석 설계 단계에서 명확한 대비가 필요한 이유이기도 하다. 명확한 대비로 그 차이를 확실히 보여줄수록 뇌의 인지 레벨이 높아진다. 다시 말하자면 분석의 본질이 비교가 아니라 우리 뇌의 인지도를 높여줄 방법이 비교인 것이다. 우리는 이를 '분석적인 사고'라고 부른다.

이와 관련해서 유의할 점은 분석 이미지를 설계할 때 비슷한 분석 방식이 연속해서 나타나지 않도록 하는 것이다. 우리 뇌는 이질적인 차이만을 인식하기 때문에 같은 형태의 그래프나 차트가 계속되면 두 번째 이후의 도표에 대해서는 인지 능력이 현격하게 떨어진다. 같은 형태가 세 번 나타나면 강렬한 인상을 주지 못한다. 차트를 표현하는 레퍼토리를 많이 준비하여 같은 형태가 연속하지 않도록 최대한 노력한다.

셋째. 이해한다는 것은 정보를 연결하는 것이다.

대뇌피질 정보 처리의 중심인 피라미드 모양의 뉴런은 하나당 5천 정도의 시냅스(신경 사이의 접합)를 형성하는데 하나의 뉴런은 많은 뉴런과 연결되어 있다. 다른 정보를 갖는 두 개 이상의 뉴런이 동시에 흥분하여 시냅스로 싱크로(동기)되었을 때 두 개 이상의 정보가 연결되었다고 말할 수 있다. 즉 뇌신경계에서는 '두 개 이상의 의미가 포개져 연결되었을 때'와 '이해했을 때'가 본질적으로 같다. 이것이 제3의 특징, 이해한다는 것은 정보를 연결하는 것이다.

곰곰이 생각해보면 심리적인 벽이 없음에도 어째서 내 설명을 다른 사람이 이해하지 못하는지 알 수 있다. 즉 이미 알고 있는 정보와 연결할 수 없는 정보는 아무리 그 정보를 잘 전달한다 해도 상대가 이해할 수 없다. 그리고 이것이야말로 우리가 분석 설계에서 '축'을 중시해야 하는 이유다. 분석에서의 비교축은 여러 정보를 연결하는 씨실이자 날실이다. 같은 기준에서 다른 것을 보게 되면 정보와 정보의 연결 발생이 쉽고 이해도도 높아진다. 좋은 축은 다수의 정보를 연결하는 힘이 강하다.

넷째. 정보를 계속 연결하면 기억으로 바뀐다.

이해의 본질은 이미 알고 있는 두 개 이상의 정보가 연결되는 것이라고 했다. 그 결과 극소 단위의 신경 사이의 연결, 즉 시냅스에서 유래하는 특성으로 '여러 번 연결하면 그 연결이 단단해진다'는 사실은 잘 알려져 있다. 예를 들어 종이를 여러 번 접으면 접힌 선이 점점 뚜렷해지는 것과 같다. 이는 '헵 규칙Hebb rule'이라고 하는데, '아하, 그렇군!'이라고 할 법한 정보의 연결을 여러 번 상기해야 하는 장면을 반복해서 경험하다 보면 그 정보를 잊을 수 없게 된다. 당연한 이야기 같지만 우리가 일상생활에서 별로 인식하지 못하는 부분이다.

의미 있는 것을 상대가 제대로 기억하도록 하기 위해서 같은 말을 반복하는 것은 소용없다. 'XX와 YY는 분명 관계가 있다'와 같

그림 14 **뇌 지각의 특징**

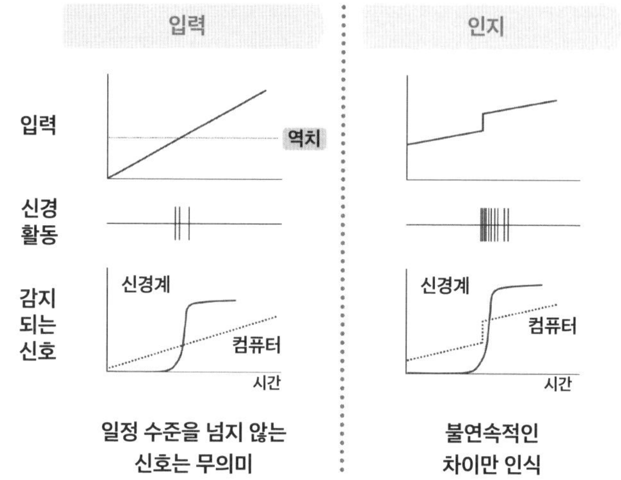

은 정보가 실제로 연결되는 '이해의 경험'을 반복해야 상대의 머리에 남는다. 외국어를 배울 때 단어장을 하염없이 들여다보고 있으면 외우기 어렵지만, 어떤 단어가 다양한 장면에서 같은 의미로 사용되는 것을 인지하면 그 단어가 쉽게 외워지는 것도 같은 원리다.

이러한 관점에서 보면 잘못된 광고나 마케팅 활동은 셀 수 없이 많다. 상대가 이미 알고 있는 정보와 새로운 정보를 연결하는 아이디어가 중요하다.

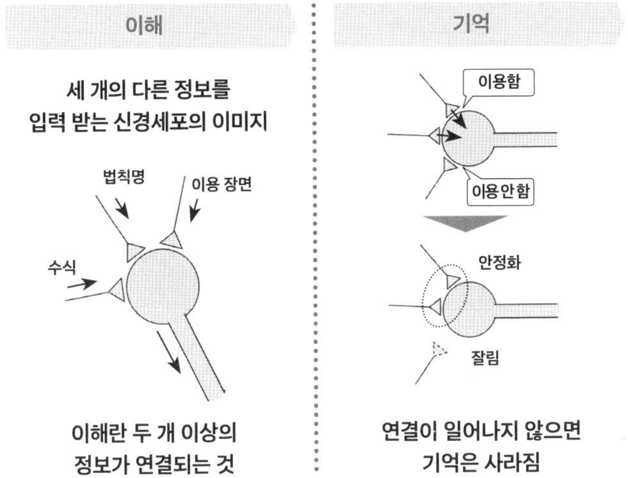

From Neuron to Brain (Third Edition),
John G. Nicholls, A. Robert Martin, Bruce G. Wallace, Sinauer Associates Inc.
The Neuron (Third Edition), Irwin B. Levitan, Leonard K. Kaczmarek, Oxford University Press

이는 명확하게 이해할 수 있는 이슈와 서브 이슈를 찾아 그 관점에서 검토를 계속하고 답을 구해야 하는 이유이기도 하다. 항상 일관된 정보와 정보의 연결이라는 관점에서 논의해야 상대의 이해도가 높아지고 기억에 남는 정도가 커진다.

나의 대수는 학교에서 배운 것이 아니다. 다락방 짐칸에서 찾은 숙모의 오래된 교과서를 혼자서 읽고 익힌 것이다. 덕분에 문제의 목적은 X가 도대체 무엇인지를 밝혀내는 것이었고, 그 답을 어떤 방법으로 구하든 상관없다는 사실을 깨달을 수 있었던 것은 실로 행운이었다고 생각한다.

- 1965년 노벨 물리학상 수상자,
리처드 파인만

Part
4

아웃풋 다루기

실제 분석
진행하기

아웃풋을 창출한다는 것은

이슈를 찾아 스토리라인을 완성하고 그림 콘티까지 작성했다면 나머지는 그림 콘티를 본격적인 분석으로 만드는 것이다. 드디어 실제로 뛰기 시작하는 단계다.

그렇다고 지나치게 저돌적으로 달리면 넘어져 다치기도 하고 경우에 따라서는 코스에서 벗어나 퇴장당하기도 한다. 이번 장에서는 실제 분석이나 차트를 정리하는 과정에서 어떤 점에 유의해야 다치지 않고 무사히 완주할 수 있는지 살펴본다.

이 단계에서는 어떤 목표를 가져야 하는지 확인하자. '멍멍이 길' 이야기로 돌아가게 되는데 우리는 한정된 시간에 얼마나 가치 있는 아웃풋을 효율적으로 창출할 것인가 하는 게임을 하고 있다. 이슈의 정도가 최대한 높은 가치 있는 활동을 얼마나 잘 골라내고, 그 아웃풋의 질을 얼마나 높일 수 있는지를 겨루는 게임이다. 이 단계는 다른 어떤 과정보다도 활동적이다. 올바른 이해와 마음가짐이 중요하다.

성급하게 뛰어들지 않기

가장 중요한 점은 분석이나 검증 활동을 성급하게 시작하지 않는 것이다. 최종적으로 같은 이슈를 검증하기 위한 분석이라도 각 분석에는 경중이 있다. 가장 가치 있는 서브 이슈를 판단하고 이를 위한 분석을 한다. 스토리라인과 그림 콘티에 따라 나열된 서브 이슈 중에는 최종 결론이나 이야기의 골격에 큰 영향력을 미치는 부분이 반드시 있다. 여기부터 손을 대서 정말로 검증할 수 있는지 답을 구하는 것이다. 중요한 부분을 처음에 검증해두지 않으면 마음속으로 생각하던 스토리의 근간이 무너질 경우 다시 일어설 수 없다. 바로 이것이 스토리라인에서 절대로 무너져서는 안 되는, 무너진 순간에 스토리를 재조직해야 하는 부분이다. 구체적으로는 핵심 포인트인 '전제'와 '통찰'이다.

　이 과정이 끝난 뒤에는 가치가 엇비슷한 수준이라면 가장 빨리 끝낼 수 있는 것부터 착수한다. 아웃풋을 창출하는 단계에서의 바람직한 방법이다.

신데렐라 이야기는 신데렐라가 계모의 딸들보다 압도적으로 매력적이라는 전제가 있기 때문에 스토리가 성립한다. 이렇듯 모든 스토리에는 핵심 전제가 있다. 사업 방침을 전환해야 하는 경우라면 '이대로라면 해당 사업은 크게 침체한다'든가 '판매 대수 증가만을 고집하면 적자가 된다'는 것이 전제가 된다. '하늘·비·우산' 방식의 하늘 단계가 가장 중요한 전제 부분으로, 대개의 경우 이 부분이 논리의 큰 분기점이 된다. 오른쪽, 왼쪽 어느 쪽을 선택하느냐에 따라 스토리가 근본부터 바뀐다.

신데렐라 이야기에는 '유리구두가 맞는 사람은 신데렐라뿐'이라는 핵심 통찰이 있다. 이러한 통찰은 모든 스토리에 있고, 보통 프레젠테이션과 논문 제목으로 사용하는 경우가 많다. 다음이 그 예다.

○ 이 비타민은 특정 이온의 농도 이상에서만 효과를 발휘한다
○ 이 사업모델은 세 가지 조건이 충족되어야 성공한다
○ 다른 종으로 여겨졌던 두 물고기가 사실은 같은 어종의 수컷과 암컷이었다

그림 1 전제와 통찰부터 착수한다

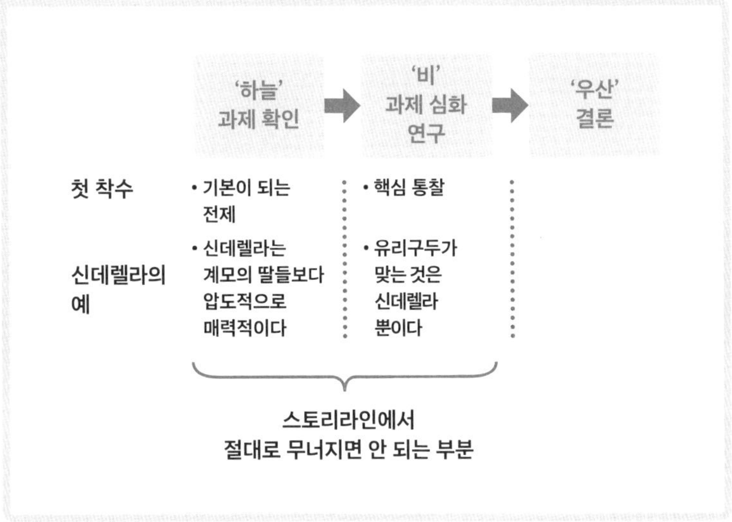

이와 같은 핵심 서브 이슈를 검증할 때는 어느 쪽이든 그 의미가 명확해지는 방식을 택해 시도한다. 답을 구하고자 하는 논점을 분명히 인식한 다음 오른쪽인지 왼쪽인지의 답을 구하는 것이다.

세계적인 뇌신경과학자인 고니시 마사카쓰 교수는 이런 말을 했다.

"생물학에는 질문을 긍정하는 결과가 나오지 않으면 아무런 의미가 없는 실험이 많다. 이러한 실험을 미국 과학자들은 'Fishing expedition(낚시 원정)'이라고 한다. 물고기가 낚이지 않으면 피곤해질 일도 없다는 말이다. 이상적인 실험이란 논리와 실험이 모두 간단하고, 어떤 결과가 나오든 유의미한 결론을 이끌어낼 수 있는 것이어야 한다."

고니시 교수의 말에서도 진정한 이슈를 명확하게 인식한 실험이나 분석, 검증이 얼마나 귀중한지, 이와 같은 사항을 항상 염두에 두고 일을 진행하는 것이 얼마나 중요한지 알 수 있다.

잠정적 정답에 집착하지 않기

실제 착수에 있어 우선순위 다음으로 염두에 두어야 하는 중요한 사항이 있다. 아웃풋을 창출하는 단계에서는 '잠정적 정답'을 배제해야만 의미 있는 분석과 검증이 성립한다는 사실이다.

이슈부터 시작하는 자세로 아웃풋을 작성하라고 신입 팀원에게 말하면 많은 오해가 발생한다. 본인의 가설이 옳다고 증명하는 것만 잔뜩 모아놓고, 정말로 옳은지 아닌지는 검증하지 않는 일이 벌어지는 것이다. 이것은 검증이 아니다. 운동으로 말하면 파울과 같다.

'이슈부터 시작하기' 관점에서 각 서브 이슈를 검증할 때는 공정한 자세로 해야 한다.

천동설을 믿었던 시대에 지동설을 주장하려면 지동설에 유리한 사실만을 나열해서는 안 된다. 천동설의 증거로 제시되는 사실이라도 실제로는 지동설로 더 올바르게 해석할 수 있다는 것을 증명하고, 그렇게 해석하지 않으면 억지나 모순이 발생한다는 것을 내세워야 한다.

간단하게 표현하자면 '나무만 보고 숲을 못 보는' 상황을 피해야 한다.

휴대전화 단말기 제조업체에 근무한다고 생각해보자. 스마트폰

그림 2 잠정적 정답에 집착하기와 이슈부터 시작하기 사고법의 차이

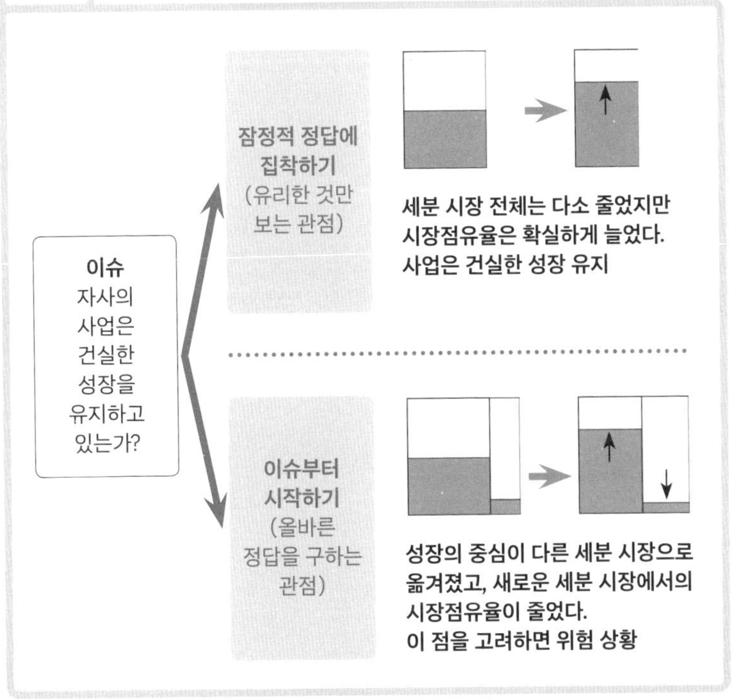

전성 시대에 '갈라파고스 휴대전화'라고 불리는 국내 전용 단말기의 시장점유율만을 추출해서 자사의 단말기 인기가 여전하다고 분석하는 것은 별다른 의미가 없다. 너무나 명백한 사례임에도 경험이 부족할 때는 함께 검토해야 할 사항이 바로 옆에 있어도 빠뜨리는 경우가 많다. 이렇듯 나무밖에 보지 못하는 검증은 언젠가 무너진다. 그리고 이때 잃어버린 시간은 다시 되돌리지 못한다.

한 사람 한 사람의 비즈니스 신용의 기초는 공정한 자세에서 나온다. 유리한 것만 보려는 '잠정적 정답에 집착하기'와 '이슈부터 시작하기' 사고법이 전혀 다르다는 사실을 항상 염두에 두어야 한다.

트러블 처리하기

2가지 트러블

다음으로 중요한 것은 '올바른 트러블 처리'다.

아웃풋을 창출하는 단계는 장애물 경주와 비슷하다. 이슈와 스토리라인을 찾고 그림 콘티를 작성해도 실제로 착수하면 잇따라 트러블이 발생한다. 이런 상황에서 속도를 늦추지 않고 계속 달려 나가기 위해서는 다소의 장애물 앞에서 넘어지지 않을 아이디어가 필요하다.

트러블 예방책의 기본은 중대한 사항에 가능한 많은 수단을 준비하는 것이다. 이 부분이 무너지면 끝이라는 중요한 논점은 이중, 삼중의 검증 장치를 걸어둔다. 한두 개가 무너져도 어떡하든 전체 이슈를 검증할 수 있도록 한다. 그리고 미리 취할 수 있는 모든 조치를 앞당겨 준비한다. 바로 이 점을 위해 스토리라인을 구성하고 그림 콘티를 작성하는 단계가 있는 것이다. 장치가 다른 준비보다 오래 걸릴 것 같다면 가능한 빨리 착수한다. 그러면 생각보다 준비 시간이 많이 걸릴 것 같은 사실을 조기에 파악할 수 있기 때문에 이것만으로도 생산성이 크게 높아진다.

전체적으로 보았을 때 가능한 미리 앞당겨서 문제를 생각해야 한다. 가능한 미리 생각하는 것, 지식 생산의 진행 순서를 생각하는 것을 영어로는 'Think ahead of the problem'이라고 하는데, 이는 제한된 시간에 좋은 결과를 생산해야 하는 전문가가 가져야 할 중요한 마음가짐이다.

트러블① 원하는 숫자나 증명이 나오지 않음

아웃풋 창출과 관련된 전형적인 트러블로는 '원하는 숫자나 증명이 나오지 않는 것'이 있다. 특히 전에 없던 신규성 높은 관점에서 가설을 세운 경우 종종 이런 상황에 직면한다.

예전에 내가 관여한 프로젝트에서는 '의·식·주·유(遊)' 등 세상을 보는 요소별로 경제 규모를 추정'하는 시도를 한 적이 있다. 이 시도는 원하는 숫자가 전혀 존재하지 않는다는 사실을 처음부터 알고 시작한 경우다.

포인트는 직접 사용할 수 있는 숫자가 없더라도 쉽게 포기하지 않는 것이다. 숫자를 직접 구할 수는 없지만, 곰곰이 생각하면 그 숫자를 뚜렷하게 가시화하는 방법은 많다.

● 구조화하여 추정하기

가령 게임업계는 하드웨어를 도입한 직후를 빼고는 소프트웨어에서 매출과 이익을 내고 있다는 사실을 검증하고자 한다. 이는 게임 제조업체의 유가증권 보고서나 결산 자료만으로는 검증할 수 없다. 하드웨어와 소프트웨어로 나뉜 정보를 어디에서도 찾을 수 없기 때문이다.

이런 경우에는 구조화하는 능력이 중요하다. 전체 매출을 다음 식으로 생각할 수 있다. 전체 매출 = 하드웨어 매출 + 소프트웨어 매출

따라서 다음 그림처럼 분해하여 하드웨어와 소프트웨어의 판매 개수, 대략적인 시장 단가, 도매 이윤, 제조업체 마진율(의 추이)을 근거로 시산하면 얼추 하드웨어와 소프트웨어의 매출 비율이 나온다.

이처럼 어떻게 하면 이 값을 구할 수 있는지, 어떤 구조로 나누어 조합하면 구할 수 있는지를 생각해본다.

그림 3 구조화하여 추정하기: 게임 시장에서의 매출 구성 추정의 예

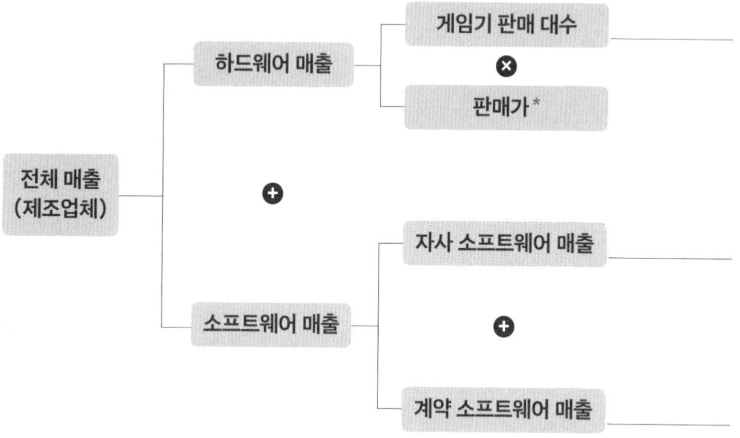

* 여기에서는 제조업체 도매가

이론과 실험이 모두 뛰어나다고 알려진 희대의 물리학자 엔리코 페르미는 '미국에서 주행 중인 지하철의 개수', '시카고에 있는 피아노 조율사의 수' 등 이 세상의 모든 숫자를 어림셈으로 추정해볼 수 있다고 했다. 얼핏 봐서는 어떻게 숫자를 구해야 좋을지 모르겠지만 전제(가구 수, 피아노가 있는 가구 수, 피아노를 조율하는 빈도 등)와 전체의 구조를 따져 구해볼 수 있다. 이러한 추정 논법은 '페르미 추정'으로 잘 알려져 있는데 이 역시 구조화로 숫자를 구하는 예다.

과학 분야의 연구 현장에서는 이 능력이 한층 더 강하게 요구된

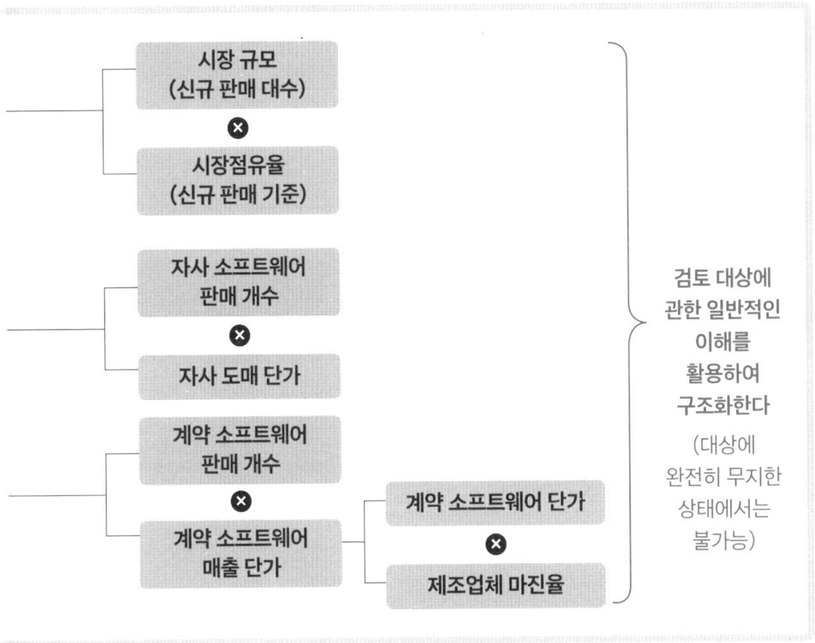

다. 연구원 시절을 되돌아보면 이 추정 능력의 중요성을 실감한 적이 많았다.

미국의 대학과 연구소에서는 머신룸(기계실)이라는 곳이 있는데, 그곳에 근무하는 전문가가 실험에 사용할 장치를 제작해준다. 이때 '어떤 목적에서, 어떤 정보가 필요해서, 실제로 어떤 정보를 얻을 수 있는가'와 같은 요구자의 추정을 토대로 장치를 만든다. 따라서 안이하게 추정할 경우에는 애써 제작한 장치와 비용이 모두 헛것이 되고, 의뢰한 사람과 의뢰받은 사람 모두 큰 손실을 떠안는다. 실험에서도 물질이 어느 정도의 농도로 존재하며, 양은 얼마인지와 같은 사실을 어림잡아 예상해두지 않으면 실험 진행 자체가 틀어진다.

● **발로 뛰어 모으기**

정면에서 제대로 된 숫자를 직접 건져내지 못하더라도 대략 어느 정도의 규모인지만 알면 서브 이슈의 답을 구할 수 있는 경우가 있다. 이럴 때는 발품을 팔아 정보를 모으는 방법도 효과적이다. 여성 의류매장 플래그숍을 도쿄의 시부야 공원 길이나 오모테산도 둘 중 한 곳에 개점하려 한다고 하자. 어느 쪽이 자사의 타깃과 더 가까운지를 알고 싶다면 직접 조사하는 것이 가장 빠르다. 평일과 주말에 각각의 장소에 사람을 배치해 조사하면 대략적인 경향과 규모를 알 수 있다.

● **다양한 방향에서 추정하기**

중요한 수치의 규모를 잘 모를 경우에는 다양한 방향에서 계산하여 수치의 수준을 찾는 방법도 효과적이다.

특정 세분 시장에서의 고객당 이익률을 구하고자 할 때 지금 가지고 있는 수치의 정밀도가 낮은 경우에는 전체 수치나 다른 세분 시장의 수치에서 역산하여 비교한다. 상품의 매출액을 알고 싶은 경우에는 실제 숫자가 없더라도 단가×매출 개수, 시장 규모×시장점유율 등 다양한 방향에서 계산하여 근접한 수치를 추정할 수 있다.

특정 상품의 시장 규모라면 대상자 수×1인당 소비액, 주요 채널별 평균 매출 개수×판매 단가 등에서 추정이 가능하다.

이렇게 여러 방법으로 수치를 구하면 대략적인 수치를 추정할 수 있는 경우가 왕왕 있다. 옆에서 보는 것이다.

지금까지 '구조화하여 추정하기', '발로 뛰어 모으기', '다양한 방향에서 추정하기' 세 가지 방법을 소개했는데 이러한 다면적인 수치 추정의 접근법을 자신의 것으로 만든다면 중요한 수치가 나왔을

그림 4 다양한 방향에서 추정하기: 매출액 추정의 예

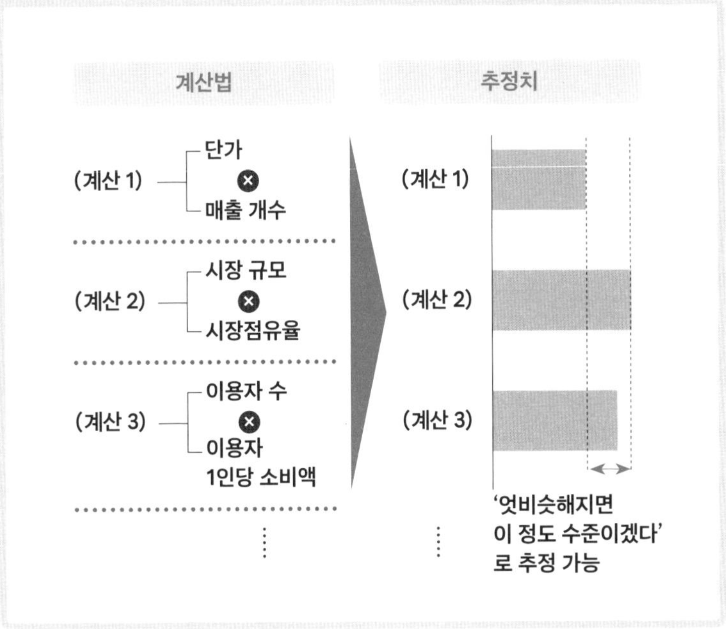

때 얼추 검산도 가능하다. 따라서 큰 실수를 할 위험이 줄어든다. 적어도 본인의 전문 분야에서 자주 등장할 것 같은 수치는 대략적으로 추정할 수 있도록 준비하자.

트러블② 자신의 지식과 기술로는 문제가 해결되지 않음

아웃풋을 창출하는 단계에서 나타나는 전형적인 트러블의 두 번째는 자신의 지식과 기술로는 문제가 도저히 해결되지 않는 경우다. 승부를 건 실험이 잘 안 풀린다거나 분명히 익숙한 분석 방법인데도 원하는 정보가 나오지 않는 경우, 2주 걸릴 일이 2개월 걸린다는 사실을 안 경우와 같은 일은 꽤 자주 발생한다. 이럴 때는 어떻게 하면 좋을까?

가장 간단한 방법은 다른 사람에게 마구 물어보는 것이다. 그럴듯하게 말하면 타인의 힘을 활용하는 것이다. 어느 정도 경험이 있는 사람은 해결책에 관한 지혜나 아이디어를 가지고 있다. 운이 좋으면 비슷한 트러블을 해결한 경험담이나 일반적으로는 접하기 어려운 정보 입수 방법을 들을 수 있다. 자신이 착수할 문제에 마구 물어볼 상대가 있다는 것은 분명 기술의 한 부분으로, 자신만의 인적 네트워크를 갖는 것은 훌륭한 일이다. 직접적으로 잘 아는 사람이 아닐지라도 스토리 정도는 들을 수 있는 경우가 많다.

그렇다면 다른 사람에게 물어볼 수 없는 문제나 독자의 방법이 제대로 효과를 발휘하지 못할 때는 어떻게 할 것인가.

기한을 정해놓고 그 기한을 기준으로 해결의 실마리가 보이지 않으면 지체 없이 해당 방법을 단념하는 것이 정답이다. 기한의 기준은 분야에 따라 다를 것이다. 새로운 방법이 효력을 발휘할지 여부는 비즈니스라면 며칠에서 일주일, 생명과학 분야의 연구라면 이삼 주면 알 수 있다.

누구에게나 애착을 갖는 방법이 있다. 신뢰도도 높고 익숙한 만큼 편하고 속도도 빠르다. 특히 그 방법이 자신과 팀원이 만들어낸 것이라면 집착하게 마련이다. 다만 적당히 고집하지 않으면 거기에 발이 묶여 분석과 검증이 정체되는 경우가 발생한다. 아무리 익숙하고 자신 있는 방법이라 할지라도 그 방법으로 문제가 해결되지 않으면 빨리 단념해야 한다.

보통 모든 이슈에는 이용 가능한 분석과 검증 방법이 여러 개 있는데 그중에서 절대적으로 우월한 것은 그다지 없다. 자신의 방법보다 간단하며 시간이 덜 걸리는 접근법이 있다면 당연히 그 방법을 사용해야 한다.

이러한 냉철한 판단이 우리에게 큰 도움을 준다. 이 방법밖에 없다는 생각에 빠져 있지 않은지 항상 확인해야 한다. 어떤 분석이라도 대안이 전혀 없는 사태는 최대한 피한다. 무슨 수를 써도 좋으니 이슈의 답을 구해보자는 생각으로 그 시점에서 방법을 단념해야 하는지 꼼꼼하게 따져봐야 한다.

가뿐하게 답 구하기

여러 방법을 이용하기

인공지능의 아버지로 불리는 MIT 인공지능연구소의 설립자 마빈 민스키가 리처드 파인만을 언급한 아래의 말은 질 높은 아웃풋을 창출하는 일의 본질을 간파하고 있다.

사람들이 말하는 천재란 다음과 같은 일련의 자질을 지닌 인간이라고 생각한다.

○ 동료의 압력에 좌우되지 않는다

○ 문제의 본질이 무엇인지 항상 잃지 않고, 희망적 관측에 의존

하는 일이 적다

○ 사물을 표현하는 데 많은 방법을 가지고 있다. 어떤 방법이 잘 먹히지 않으면 재빨리 다른 방법으로 갈아탄다

요점은 고집하지 않는다는 것이다. 많은 사람이 실패하는 이유는 거기에 집착하고 있기 때문이다. 어떡하든 그것을 성공시키고자 미리 성급하게 확정하고 문제에 매달린다. 파인만은 그 어떤 문제에서도 반드시 '거기에는 이런 다른 관점도 있지'라고 말하곤 했다. 한 가지에 그렇게까지 고집하지 않는 인간을 나는 본 적이 없다.

〈파인만 이야기〉 중에서

민스키의 이야기에서 알 수 있는 사실은 '가지고 있는 패의 수', '자신이 가지고 있는 방법의 풍요로움'이 가치를 창출하는 사람으로서의 자질과 직접적으로 연관된다는 것이다. 직구만 던지는 것보다 여러 가지 변화구를 섞어 던질 수 있는 편이 훨씬 나은 것은 당연하지 않은가. 잘하는 것과 못하는 것을 따로 나누어서 의식하지 않는 것이 좋다.

미국 대학원 박사 과정에서는 서너 곳의 연구실을 돌면서 연구하도록 필수로 정해놓은 대학이 많다. 처음부터 연구실 한 곳에만 소속되어 있는 일본 대학원과는 대조적인데 이 또한 자신의 방법을 다양하게 갖기 위함이다. 여러 분야에서 직접 경험을 쌓고 대화를

나눌 수 있는 사람이 있다면 큰 도움이 된다.

나는 주로 소비자 마케팅 분야에서 활동했는데, 특정 조사 방법만으로는 큰 이슈의 답을 구할 수 없는 경우가 많았다. 여러 방법을 조합하거나 기존의 방법에 나만의 관점을 더해야만 비로소 정답에 가까워졌다. 따라서 이용할 수 있는 방법은 많을수록 좋다. 3장에서도 살펴보았듯이 자신과 관련된 분야의 분석 방법은 한 번씩 접해두어야 한다. 그리고 어느 분야든지 업무나 연구를 시작한 처음 5년, 10년 동안은 되도록 많은 경험과 스킬을 익혀두자.

회전율과 속도를 중시하기

아웃풋을 올바르게 이해하고 열심히 트러블을 피했다면 마지막으로 가볍게 답을 구하는 일만이 남았다. 모든 이슈와 서브 이슈는 답을 구하고서야 비로소 일이 끝났다고 할 수 있다. 이때 멈추지 않는 것이 중요하다. 포인트는 재빠르게 정리하는 것인데 그러기 위해서는 다음의 요령을 알아둘 필요가 있다.

정체를 일으키는 요인으로는 가장 먼저 지나친 정성을 들 수 있다. '정성을 들이는 것이 뭐가 잘못됐나' 하고 생각할지 모르지만 생산성이라는 관점에서는 정성스러움도 너무 과하면 해악이다. 내 경험으로는 60% 완성도인 분석을 70%로 만들기 위해서는 그때까지 걸렸던 시간의 두 배가 걸린다. 80%로 만들기 위해서는 또다시 두 배의 시간이 걸린다. 반면 완성도 60%인 상태에서 처음부터 재검토하고 다시 검증 사이클을 돌리면 80%로 만드는 데 드는 절반의 시간만으로도 '80%가 넘는 완성도'에 도달한다. 단순히 정성만 들이면 속도는 물론 완성도까지 떨어진다.

따라서 숫자를 만지작거리지 말고 재빨리 정리하는 것이 중요하

그림 5 회전 효용의 이미지

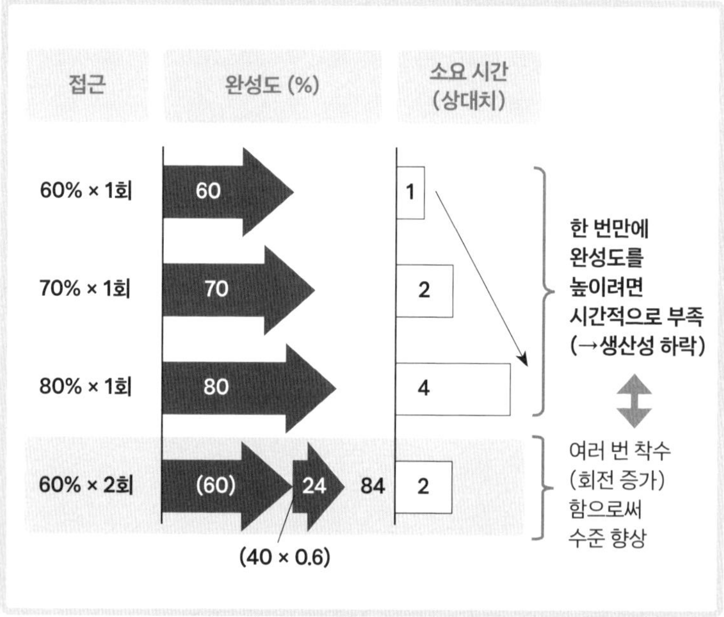

다. 그때그때의 완성도보다도 착수하는 횟수(회전율)를 중요시한다. 90% 이상의 완성도를 원할 경우 보통은 대책 없이 시간만 흐른다. 이 정도로 높은 수준을 요구하는 경우는 비즈니스에서는 물론 연구 논문에서도 없다. 이런 관점에서 받아들이는 상대의 수준을 충분히 파악해서 과해지지 않도록 항상 의식하는 것이 중요하다.

마지막으로 '답의 질'을 보여주는 그래프를 살펴보자. 임팩트 있는 방법으로 이슈의 답을 구했다면 이는 멋진 일이다. 그러나 중요

그림 6 해답의 질 그래프

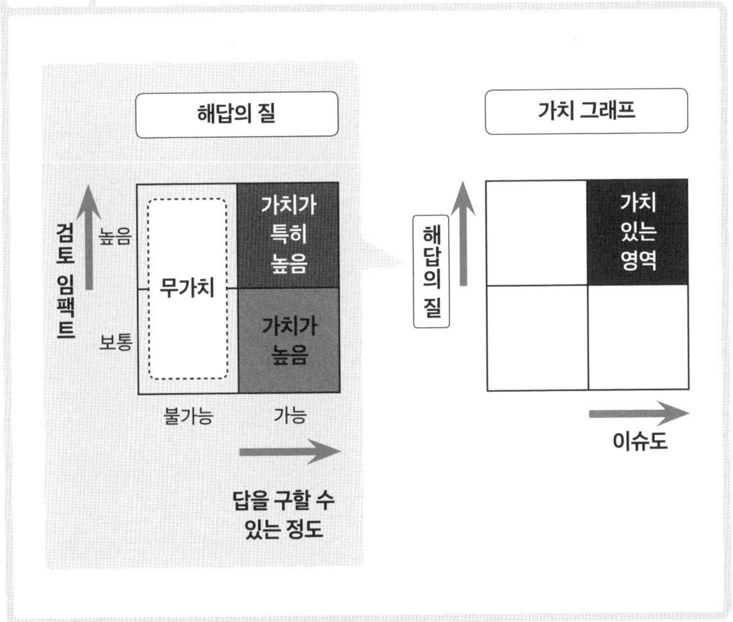

한 것은 '답을 구할 수 있는가'이다. 아무리 멋들어진 접근법을 사용했다 하더라도 그것이 이슈의 답을 제대로 구할 수 없다면 아무런 임팩트도 발생하지 않는다. 또 하나 여기서는 '속도'가 결정적으로 중요하다. 완성도보다 회전율, 근사함보다 속도라는 자세를 유지함으로써 최종적으로는 유용한 것이 탄생하고 상대에게 가치 있는 아웃풋을 제공할 수 있다.

여기부터는 실제 논문이나 프레젠테이션의 자료를 정리하는 작업 내용이다. 논문 작성이나 프레젠테이션을 할 일이 없는 사람은 대충 한번 훑어보기 바란다.

… 과학에는 좋은 과학과 나쁜 과학이 있다. … 수많은 실험을 통해 새로운 결과에서 현상을 잇따라 발견하고 그 다양성과 복잡성을 기술하여 논문으로 발표했지만 오히려 본질적인 사실을 파악하기 어려워지는 결과로 이어지는 일이 자주 있다. 물론 그 다양성과 복잡성 속에 숨어 있는 무언가 단순한 본질, 새로운 사고방식, 논리, 이러한 것을 항상 의식하면서 찾아내기 위해 실험을 하는 사람도 있다. 그렇게 해서 성공했을 때 과학은 진정으로 진보하는 것이다.

- 분자생물학자 노무라 마사야스에 의한 제임스 왓슨의 말

Part 5

메시지 다루기

전달할 것 정리하기

본질적, 단순함 실현하기

드디어 마지막 완성 단계다. 이슈를 근거로 한 스토리라인에 따라 분석과 검증이 끝났다면 나머지는 이슈를 따르는 메시지를 상대에게 전달하기 위한 강력한 형태로 정리하는 것이다. 바로 이것이 내가 '메시지 다루기'라고 부르는 이번 장의 개요다. 가설 다루기, 아웃풋 다루기에 이어 이슈에 대한 해답의 질을 한층 높여줄 3단 로켓의 마지막에 해당한다.

단숨에 마무리하기

지금까지의 방법에 따라서 올바르게 검토를 진행했다면 해답은 상당히 높은 질에 도달했을 것이다. 이를 단숨에 마무리하여 완성품으로 만드는 것이 이번 단계다. 이 단계에서 얼마나 노력하느냐에 따라 같은 소재라도 전혀 다른 강력한 아웃풋이 창출된다.

마무리 작업을 하기 전에 프로젝트가 어떤 상태가 되면 끝나는지 구체적인 이미지를 그린다. 단순히 자료나 논문이 완성되면 끝나는 것이 아니다.

지금까지의 우리의 목표는 가치 있는 아웃풋을 창출하는 일이었다. 이슈의 정도가 높고 해답의 질도 높은 아웃풋 말이다. 이런 아웃풋이야말로 상대에게 임팩트를 주고, 가치를 인정받고, 진정으로 의미 있는 결과를 창출할 수 있다. 바로 이것이 메시지 다루기, 즉 마지막 단계를 끝내고 우리가 나아가야 할 목표 지점이다. 그러기 위해서는 무엇이 필요한지 다시 진지하게 생각해보자.

검토 보고의 대다수 최종 아웃풋의 경우 비즈니스에서는 프레젠테이션, 연구에서는 논문이라는 형태를 띤다. 이는 무엇보다도 청자와 화자, 자신 사이의 지식 차이를 메우기 위한 것이다. 다 듣거나 읽은 뒤 상대가 화자와 같은 문제의식을 가지고 똑같이 인정하고 똑같이 흥분하는 것이 가장 이상적이다. 그러기 위해서는 관계자가 다음의 상태여야 한다.

1. 의미 있는 과제를 다루고 있다는 점을 이해한다
2. 최종 메시지를 이해한다
3. 메시지를 인정하고 행동으로 옮긴다

그렇다면 애초에 화자의 이야기를 듣는 상대는 어떤 사람들일까?

내가 처음 훈련받은 분자생물학 분야에서는 강연 발표 시의 마음가짐으로 델브뤼크의 가르침(막스 델브뤼크는 파지라는 세균에 감염되는 바이러스를 이용한 유전학 창시자로 1969년에 노벨 생리의학상을 수상했다)이 있다. 그의 가르침은 과학 분야에만 국한하지 않고 지적으로 의미 있는 것을 전달하려는 사람에게도 가치 있다고 생각한다. 그 내용은 다음과 같다.

하나. 당신의 청중이 완전히 무지하다고 생각하라.
둘. 당신의 청중이 고도의 지능을 가지고 있다고 가정하라.

무슨 이야기를 하든 기본 사고와 전제, 이슈의 공유에서 시작하여 최종 결론과 그 의미를 전달한다면, 즉 정확한 전달 방법을 취

한다면 전문 지식이 없는 대상이라 하더라도 필시 이해할 수 있는 존재라는 점을 믿고 발표한다. '현명하지만 무지한' 청중을 가정하는 것이다.

또한 처음부터 일관해온 '이슈부터 시작하기' 방침을 유지하며 무엇에 대한 답을 구할 것인지를 발표의 전면에 내세운다. 간단명료하게 낭비를 없애면 청중의 문제의식이 높아지고 이해도가 향상된다. 반면 이슈가 애매할수록 청중의 관심이 흩어져 이해도가 떨어지고, 그 결과 자신이 원하는 결과와 점점 멀어진다. 이 책은 처음부터 '무엇에 대한 답을 구할 것인가'라는 이슈 관점에서 목적 의식을 명확히 가지고 있었는데 이것을 집대성한 것이 이번 단계다.

'이슈부터 시작하기' 세계에서는 '그냥 재미있어 보여서'라든가 '아마 중요할 것 같아서' 따위는 필요 없다. '정말로 재미있어서', '진짜 중요해서'라는 이슈만이 있을 뿐이다. 복잡함은 일체 필요 없다. 관심을 분산시키는 것과 애매한 것은 모두 없앤다. 낭비를 도려내고 흐름과 구조를 명확히 한다.

메시지 다루기, 즉 마무리 단계에서는 '본질'과 '단순함'이라는 두 가지 관점으로 정리한다. 먼저 스토리라인의 구조를 다듬은 다음 차트를 꼼꼼히 따져본다. 요점을 살펴보자.

스토리라인 다듬기

3가지 확인 과정

먼저 이슈의 메시지가 제대로 전달되었지의 관점에서 스토리라인의 구조를 다듬는다. 구체적으로는 세 가지 과정이 있다.

1. 논리 구조 확인하기
2. 흐름 다듬기
3. 엘리베이터 테스트 대비하기

그림 1 스토리라인 다듬기의 세 가지 과정

(1)
논리 구조 확인하기

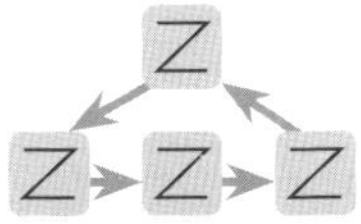

- 깔끔한 기본 구조로 정리되어 있는가?
- 전제가 무너지지 않았는가?

(2)
흐름 다듬기

- 흐름이 안 좋은 곳은 없는가?
- 맺음이 안 좋은 곳은 없는가?
- 보강이 부족한 곳은 없는가?

(3)
엘리베이터 테스트 대비하기

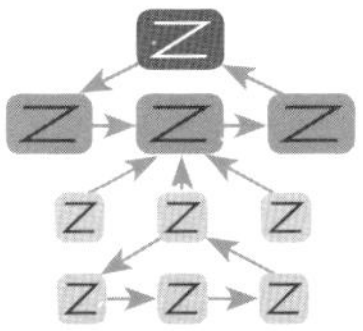

- 결론을 단적으로 설명했는가?
- 특정 부분을 신속하게 설명할 수 있는가?

과정① 논리 구조 확인하기

가장 먼저 기본 논리 구조를 확인한다.

지금까지 소개한 방법을 이용했다면 이슈와 이를 지탱하는 서브이슈가 명확하고, 이를 검증하기 위한 스토리 구조 역시 피라미드형으로 조직되어 있을 것이다. 분석과 검증이 끝나고 개별 차트도 일단 완성된 시점에서 그 구조를 한번 확인해보자.

스토리라인의 해설 부분에서 언급한 대로 구조는 결론을 피라미드형으로 지탱하는 'WHY 나열'이나 '하늘·비·우산'의 형태를 취할 것이다. 먼저 최종 형태가 둘 중 하나의 구조로 깔끔하게 정리되어 있는지 확인한다.

WHY 나열은 병렬적으로 제시된 이유가 한두 가지 무너져도 크게 영향을 받지 않는 경우가 많다. 반면 '하늘·비·우산'의 경우는 하늘인 전제가 무너지거나 그 다음인 비에서 큰 통찰이 어긋나면 우산에 해당하는 전체 메시지에 큰 영향을 미친다. 동시에 전체 구조를 재검토하면서 구조상 불필요한 부분을 제거해 나간다. 하늘·비·우산 구조로 정리하는 것이 어려운 경우에는 "WHY 나열로 재조직할 수 없는지 생각해본다.(반대의 경우도 있겠지만 그것이 가능한 경우는 거의 없다) WHY 나열과 하늘·비·우산 구조 모두에서 핵심 통찰이나 이유에 중복과 누락이 없는 상태인지를 확인한다.

분석 및 검증 결과 전체 메시지에 변화가 발생한 경우에는 전체 스토리 구조를 재검토해야 하는지 확인한다. 처음부터 답을 구해야 할 이슈를 계속 의식했기 때문에 개별 서브 이슈의 분석 결과가 예상과 달라도 나름대로 의미가 있을 수 있다는 점은 이미 언급한 바 있다. 오히려 아무도 예상하지 못한 결과가 더 큰 임팩트를 불러올 가능성이 높다. 앞에서 페르미의 말을 인용했는데 가설이 무너지면 마치 새로운 것을 발견한 듯 기분이 좋다.

이야기의 흐름이나 비교 검토에 사용한 프레임워크가 있다면 그림으로 정리해두는 것이 좋다. 다만 이야기 전체의 구조로 사용하는 프레임워크는 많아야 하나다. 여러 개의 프레임워크를 앞에 두고 이야기를 듣거나 논문을 읽으면 이해도가 떨어지기 때문이다.

또한 논리 구조를 확인하는 이번 단계에서 중요한 새로운 개념이 등장했을 경우는 독창적인 이름을 붙이는 것이 좋다. 손때 묻은 단어를 사용하여 설명하면 큰 오해를 부르는 경우가 많기 때문이다.

예를 들어 도요타 자동차는 자사 생산 방식 툴에 '간판(看板)'이라는, GE는 품질 관리에서 비롯한 '6시그마'라는 이름을 붙여 전체 경영 과정의 개혁을 실시했다. 그 결과 두 이름 모두 경영 교과서에 실릴 정도로 널리 알려진 개념이 되었다. 물론 이름을 붙일 때도 의미 있는 명칭으로 제한하는 것은 중요하다.

과정② 흐름 다듬기

스토리의 기본이 되는 논리 구조를 확인한 다음 살펴봐야 할 것은 바로 '흐름'이다.

우수한 프레젠테이션은 혼란 속에서 하나의 그림이 떠오르는 것이 아니라, 하나의 주제에서 핵심 서브 이슈가 잇따라 나타나고 그 흐름 내에서 생각이 펼쳐지는 것이다. 이런 형태를 목표로 삼는다. 명확한 논리 흐름 속에서 최종 메시지를 제시하는 것이 이상적인 프레젠테이션이다.

이러한 이야기의 흐름을 다듬기 위해서는 리허설을 하는 방법을 추천한다. 나는 통상 두 단계에서 리허설을 한다. 첫 번째는 '그림 연극 형식으로 거칠게 다듬는 것'이고, 두 번째는 '사람을 상대로 꼼꼼하게 마무리 짓는 것'이다.

그림 연극 형식으로 거칠게 다듬기는 혼자 해도 좋고 팀원 앞에서 해도 좋다. 차트를 준비해 넘기면서 설명하고, 이야기 순서와 메시지의 강약을 수정한다. 그러다 보면 흐름이 안 좋은 곳, 맺음이 안 좋은 곳, 보강이 필요한 곳을 바로 알 수 있다. 흐름상 문제가 발생하는 차트는 과감하게 빼도 된다. 애초에 논리 구조가 튼튼하기 때문에 어지간해서는 스토리나 전체 메시지가 무너지지 않는다.

이 과정이 끝난 다음에는 청중을 앞에 두고 실제 상황처럼 리허설을 통해 꼼꼼하게 마무리한다. 엉뚱한 질문일수록 도움이 되기 때문에 청중은 그 프로젝트의 검토 주제나 내용을 직접적으로 모르는 사람이 좋다. 건설적인 의견을 제시해줄 편한 관계에 있는 사람에게 부탁하자. 팀원 이외의 동료나 지인, 가족도 좋다. 마땅히 부탁할 곳이 없다면 팀원이 예상 청중이 되어 의견을 제시한다. 이것조차 어려운 상황이라면 혼자서 벽을 보고 설명하고, 그것을 녹화해서 다시 보기만 해도 상당한 수준의 마무리가 가능하다. 조금은 어색하기도 하겠지만 자신이 눈치채지 못하는 습관이나 이해하기 어려운 표현을 찾는 데 매우 효과적이다.

리허설에서 구조, 분석과 차트의 표현이 명료함에도 설명이 어려운 경우가 있다. 이런 경우는 스토리라인의 흐름에 불필요한 것이 섞여 있을 가능성이 높다. 설명상의 함정이나 오해를 부르기 쉬운 표현을 알아차리는 경우도 있다. 듣는 사람에게 설명은 이해하기 쉬웠는지, 신경 쓰이는 부분은 없었는지 의견을 듣는다.

과정③ 엘리베이터 테스트에 대비하기

스토리라인을 다듬는 마지막 확인 사항은 '엘리베이터 테스트' 준비다.

엘리베이터 테스트란 엘리베이터에 CEO와 함께 탔다고 가정하고 엘리베이터에서 내릴 때까지의 시간 동안 자신이 맡은 프로젝트의 개요를 간결하게 설명해내는 것이다. 20~30초 안에 복잡한 프로젝트의 개요를 정리해서 전달하는 이 기술은 톱 매니지먼트를 고객으로 둔 컨설턴트나 대규모 프로젝트의 책임자에게 반드시 필요한 기술이다. 이런 입장에 있지 않은 사람이라 하더라도 이 테스트를 통해 본인이 그 프로젝트나 기획, 논문을 얼마나 잘 이해하

그림 2 피라미드 구조로 엘리베이터 테스트에 대응하기

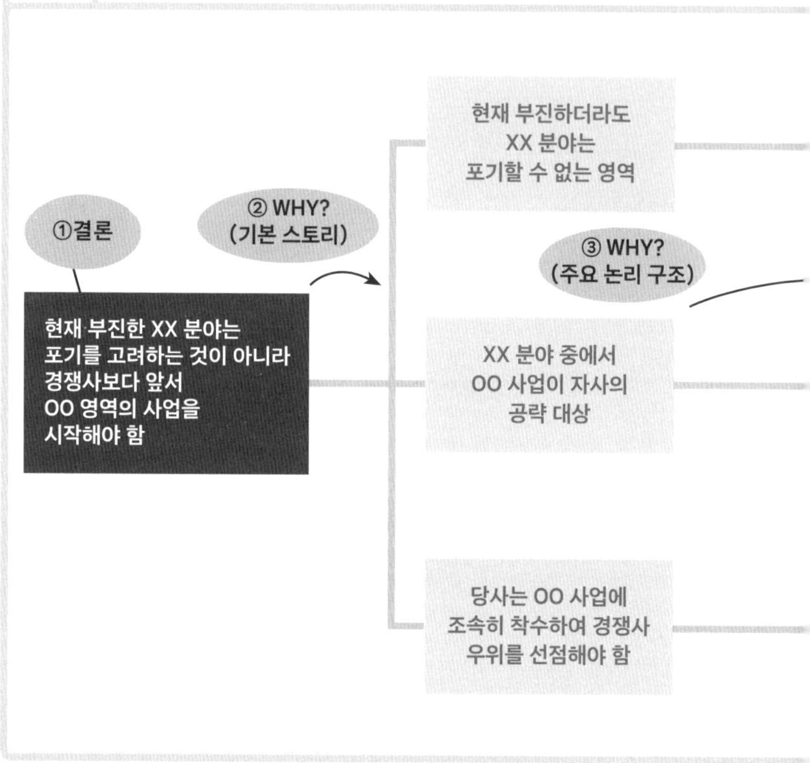

고 있고, 다른 사람에게 얼마나 잘 설명하고 어필할 수 있는지를 판단할 수 있다.

그러나 사실 이 테스트를 위한 준비는 이미 80%가 끝난 상황이다. 왜냐하면 피라미드 구조로 조직한 스토리라인의 가장 높은 단계에 결론이 이미 나와 있기 때문이다. 그 구조가 'WHY 나열'이라면

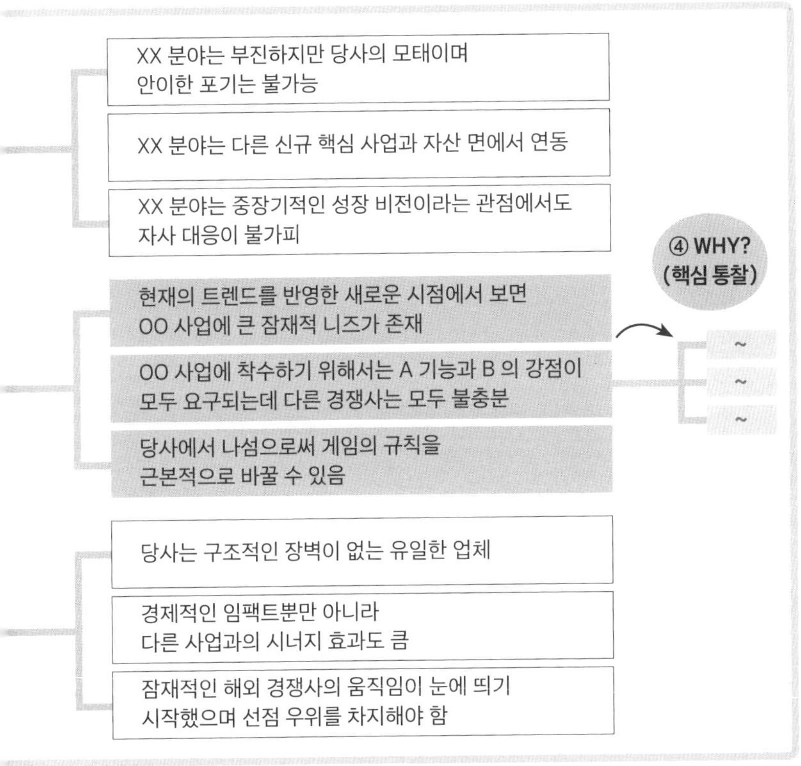

그 근거인 WHY를 전달하면 되고, '하늘·비·우산'이라면 하늘(무엇이 문제인지)·비(중요한 통찰은 무엇인지)·우산(문제의 답은 무엇인지) 각각의 결론을 전달하면 된다. 분석 및 검증 도중이라면 현 단계에서의 판단 사항을 전달한다.

엘리베이터 테스트를 통해 피라미드 구조로 스토리를 정리하는 것이 얼마나 효과적인지 알 수 있다. 결론의 핵심 사항이 나열되고 그 아래로도 같은 구조로 요점이 나열되기 때문에 상대나 시간에 따라 무엇을 어떤 수준까지 설명해야 하는지를 자유자재로 판단할 수 있다. 결론이 안 난다고 상대가 짜증 낼 일도 없고, 상대가 더 확인하고 싶어하는 사항은 집중적으로 이야기를 진행할 수도 있다.

차트 다듬기

뛰어난 차트와 다듬기의 요령

스토리라인을 마무리했다면 다음은 각 차트를 자세히 살펴본다.

뛰어난 차트란 어떤 것일까? 차트의 기본 구조를 복습하자. 차트는 '메시지, 타이틀, 서포트' 세 요소로 구성되어 있다. 맨 아래에는 반드시 정보의 출처를 적는다.

많은 사람이 차트 그리기가 너무 힘들다고 하는데, 정말로 힘든 사람은 무슨 말인지 도통 알 수 없는 차트를 보면서 괴로워하는 청중이나 독자일 것이다. 이런 사람이 생기지 않게 하기 위해서는 제

그림 3 차트의 기본 구조

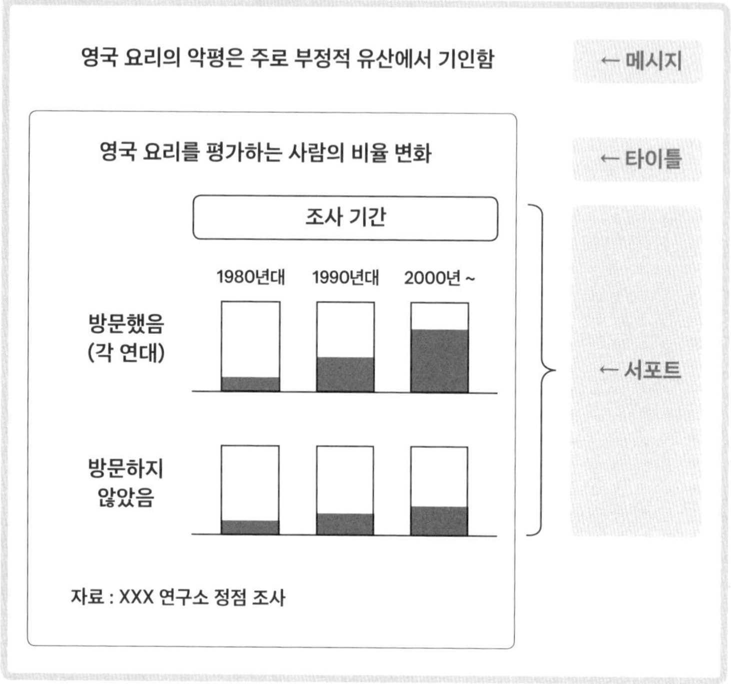

대로 차트를 다듬고 메시지를 명확히 해야 한다. 지금까지의 내 경험상 뛰어난 차트는 다음 세 가지로 수렴되는 조건을 충족해야 한다.

1. 이슈를 따른 메시지가 있음
2. 서포트 부문의 가로세로 확대에 의미가 있음
3. 서포트가 메시지를 지지함

뛰어난 차트의 세 가지 조건

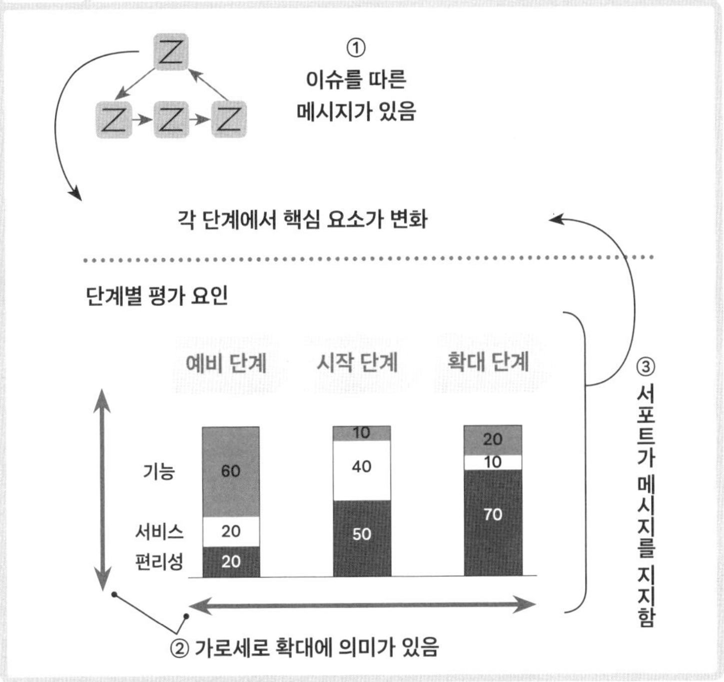

겨우 이 정도냐고 생각할 수 있지만 이 세 가지 조건에서 하나라도 성립되지 않으면 매우 치명적이다.

'이슈를 따른 메시지가 있다'는 것은 말 그대로 차트가 이슈에 적합하다는 당연한 사실의 확인이다. 흥미로운 데이터 차원에서 제공된, 메시지가 명쾌하지 않은 차트는 필요 없다. 여기까지 읽은 사람이라면 이 조건의 중요성은 이해할 수 있을 것이다.

‘서포트 부문의 가로세로 확대에 의미가 있다’는 것은 조금 이해하기 어려울 수도 있다. 그러나 이것도 계속 언급해온 중요한 요소인 ‘분석은 비교’라는 표현 그 자체다. 메시지를 강력하고 분석적으로 지탱하려면 차트의 가로세로 각 축의 확대에 명확한 의미가 포함되어야 한다.

‘서포트가 메시지를 지지한다’는 것도 당연한 사실이지만 중요한 확인 사항이다. 말할 수 없는 것은 말하지 않고, 말하고자 하는 메시지에 들어맞는 적절한 서포트를 준비한다. 이는 자신의 논리적 사고력의 문제이기도, 윤리성의 문제이기도 하다.

동료 전문가의 검증을 엄격하게 받는 학술 논문이라면 논거가 이상스러운 정보나 차트는 걸러지겠지만 그렇지 않은 상황이라면 이상한 차트가 섞여 있을 가능성이 충분히 있다. 비즈니스 분야에서 이와 같은 ‘내게 유리한 차트’를 작성한 적이 없다고 단언할 수 있는 사람은 드물다. 우리 팀에서도 이런 함정에 빠진 차트가 자주 나타나는데 주의를 기울이지 않으면 간과하고 지나치게 된다. 주위에 넘쳐나는 차트라고 불리는 것을 둘러보면 이 세 가지 조건을 충족하는 차트가 실로 적다는 것을 알 수 있다.

이런 조건들을 확인하는 것만으로도 차트는 몰라보게 강력해지고 이해하기 쉬워진다.

차트를 다듬기 위해서는 ‘뛰어난 차트의 세 가지 조건’에 대응하는 다음 세 가지 작업을 한다.

1. 1차트 1메시지 철저히 하기
2. 가로와 세로의 비교축 다듬기
3. 메시지와 분석 표현 갖추기

조금 더 자세히 살펴보자.

요령① 1차트 1메시지 철저히 하기

차트를 다듬을 때는 먼저 이슈를 따른 명확한 메시지의 존재 유무를 확인한다. 프레젠테이션에서 자주 볼 수 있는 큰 폰트로 적힌 '최근 움직임', '업계 동향'과 같은 주어도 동사도 불분명한 타이틀은 메시지가 아니다. 이 차트에서 무엇을 말하고 싶은지를 분명히 말로 표현한다.

이 마무리 단계에서는 '무엇을 말할 것인가'와 함께 '무엇을 말하지 않을 것인가'도 중요하다.

초점을 좁히고 본론과 관계없는 부분은 과감히 잘라낸다. 가지와 잎이 작은 논점이 굵은 논점을 흐리게 만드는 일은 피해야 한다.

또한 각 차트가 하나의 메시지만을 포함하고 있는지, 이 차트가 제대로 서브 이슈로 이어지고 있는지를 확인한다. 두 가지 이상의 사항을 전하고 싶을 때는 두 개의 차트로 나눈다. 내용이 있는 차트가 한눈에 들어오지 않아 이해할 수 없을 때는 메시지가 혼재되어 있는지 확인한다. 하나의 메시지라면 강조할 부분과 비교할 사항이 명확하지만 두 가지 이상의 메시지를 쑤셔넣는 순간 무슨 말인지 모르게 되는 경우가 많다. 1차트 1메시지를 철저히 지키는 것만으로도 하나하나의 차트가 매우 깔끔해진다.

일반적으로 차트를 보고 '안다', '의미 있다'고 판단하기까지 걸리는 시간은 내 경험상 길어야 15초고 대개의 경우 10초 정도다. 나는 이를 '15초 룰'이라고 부르는데, 사람은 그 정도 시간에 자료를 제대로 볼지 말지를 판단한다. 즉 첫인상이 나쁜 차트는 애초부터 그 사람에게는 존재하지 않는 것이다.

대형 프로젝트의 경우 정리된 자료의 가치를 판단하는 사람은 경영자이거나 논문 심사자인데, 이들은 대체로 매우 바쁘며 스스로에게 상당한 자신감을 가지고 있다. 여러 장 반복해서 의미 없는 차트라고 판단한다면 곧바로 그들의 마음의 창은 닫힌다. 기대에 찬 눈빛이 사라지며 시선을 떨군다. 게임 오버다.

개별 차트 역시 주위 사람에게 설명해서 조금이라도 이해가 안 가거나 전달하기 어렵다고 생각되는 부분이 있으면 재검토해야 한다. 이 단계에서는 제일 먼저 1차트 1메시지 법칙을 제대로 지켰는지 생각해야 한다.

미국 연구원 시절 당시 큰 도움을 준 교수의 말 중에서 지금까지도 소중한 가르침으로 여기는 것이 있다.

“모든 설명은 더 이상 불가능할 정도로 간단하게 해라. 그렇게 해도 모른다고 말하는 것이 사람이다. 사람은 본인이 이해할 수 없으면 그것을 만든 이를 바보라고 생각하는 존재다. 인간은 절대로 본인의 머리가 나쁘다고 생각하지 않는다”

요령② 가로와 세로의 비교축 다듬기

1차트 1메시지 철저히 하기를 지켰다면 다음으로는 가로와 세로의 비교축을 다듬는다.

뛰어난 차트는 명확한 이슈와 서브 이슈를 다루고 있을 뿐만 아니라 그 답을 구하기 위해 명확한 비교를 보여준다. 즉 가로세로는 이슈 검증으로 이어지는 분명한 의미를 포함한다. 차트를 보았을 때 제일 먼저 눈이 가는 곳은 메시지와 전체의 패턴이고, 그 다음이 패턴을 읽어내기 위한 가로세로의 축이다. 올바른 이슈와 서브 이슈에 착수했다고 하더라도 분석의 축을 적절하게 고르지 않았다면 그 분석 자체는 죽은 것이나 다름없다.

지금까지의 경험에 따르면 이 세상에 태어난 차트의 절반 이상은 이 '축'에 문제가 있다. 그렇다면 이를 방지하기 위해 무엇을 해야 할까.

● 축의 선택을 공정하게 하기

중고 카메라를 구입했다고 하자. 흠도 없고 가격도 적당히 주고 산 줄 알았는데 자세히 살펴보니 기능에 이상이 있다면 누구나 사기를 당했다며 화를 낼 것이다. 이와 마찬가지로 자신에게 유리한 축만을 선택한 결과 설득력을 잃은 차트가 많다. 메시지를 전달하기 위해서는 필요한 비교축을 모두 나열하는 것이 중요하다.

사업 옵션을 비교할 때 사업이 성공했을 때의 효과와 기회만을 나열하고 실제 리스크나 착수 애로사항 등의 검토가 없는, 곧 축 선택이 자의적이고 올바른 비교가 불가능한 차트를 사용한다면 발표 자체의 신용도가 떨어진다. 이런 상황은 절대로 피해야 한다.

● 축의 순서에 의미 부여하기

축을 공정하게 선택한 뒤에는 축 순서에 의미를 부여해야 한다. 단순하게 알파벳 순으로 나열한 것을 '큰 것부터 작은 것으로', '과정 발생 순서대로' 등의 의미를 부여하여 재나열하는 것만으로도 몰라볼 정도로 이해가 쉽다. 특히 수치가 없는 정성분석 차트에서는 더

그림 5 축의 순서에 의미 부여하기

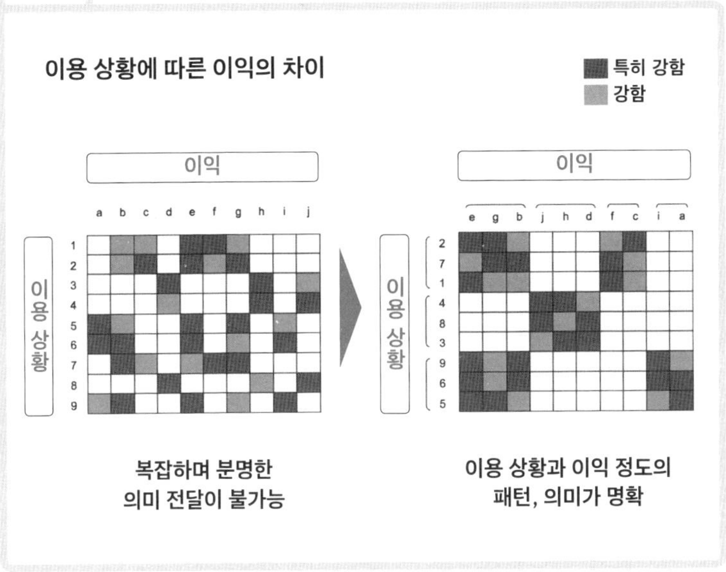

욱 중요하다. 이 부분을 얼마나 완성했는지에 따라 전문가로서의 수준을 판가름할 수 있다.

● 축 통합하기

다음으로 중복된 조건의 비교에 주의해야 한다. 이 경우에는 진정한 의미의 조건이 몇 종류인지를 정리하여 중복과 누락 없는 비교의 조건을 정리한다. 축을 통합함으로써 공통 축을 만들고 이를 서로 묶어 얽히고설킨 세계를 단순하게 비교할 수 있는 세계로 탈바꿈시킨다.

그림 6 축 통합하기

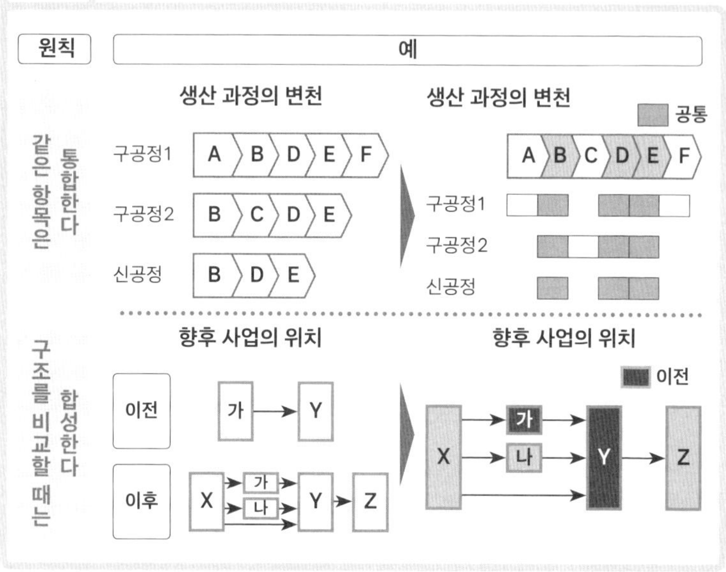

● 축의 주안점을 재검토하기

분석 결과가 명확한 메시지로 이어지지 않을 때는 정보의 주안점에 노이즈가 낀 경우가 많다. 짐작 가는 조건이 있다면 그 조건을 덧붙여서 축을 깔끔하게 만들 수 있다.

그렇게 해도 잘 안 될 때는 축의 기본 단위를 재검토해볼 수도 있다. 예를 들어 스포츠음료 시장을 결정하기 위해 '사람의 속성'을 축으로 삼았을 경우 '자주 운동하는 사람'이나 '젊은 여성'에 소비가 편중되어 있는데 의외로 '중장년층'에서도 많이 소비한다는 사실을

그림 7 축의 주안점을 재검토하기(1): 축 덧붙이기

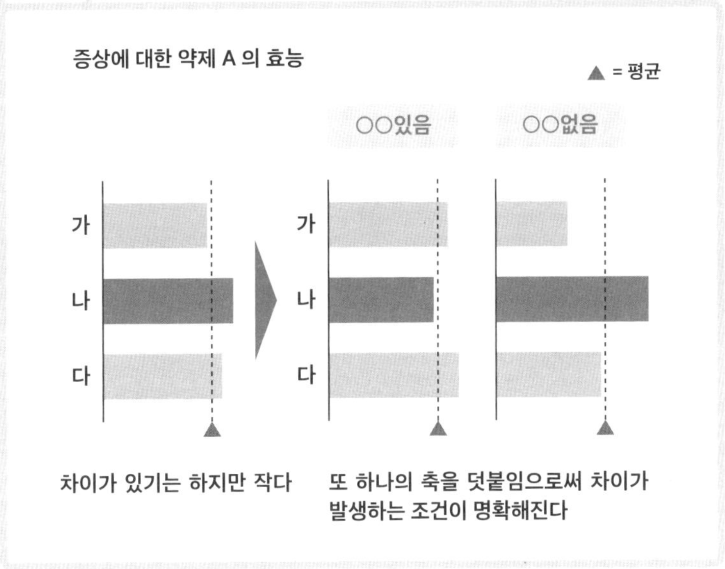

알았다고 가정해보자. 가장 많아 보이는 층을 대상으로 속성을 결정하면 시장의 3분의 1도 커버하지 못해 청자를 납득시킬 수 있는 만큼의 차이를 찾을 수 없다.

이런 사태에 빠지는 가장 큰 이유는 축 판단을 안이하게 한 데 있다. 냉정하게 생각하면 항상 같은 음료만 마시는 사람은 없다. 잠에서 깼을 때와 일할 때와 공부할 때는 각각 다른 음료를 마실 것이고, 빵을 먹을 때와 주먹밥을 먹을 때도 분명 다를 것이다. 그렇다면 축을 '사람의 속성'으로 나누는 한 이런 애매한 결과가 계속되리라는 사실을 예측할 수 있다. 이 경우 스포츠음료를 마시는 '상황'을

그림 8 축의 주안점을 재검토하기(2): 기본 단위 재검토

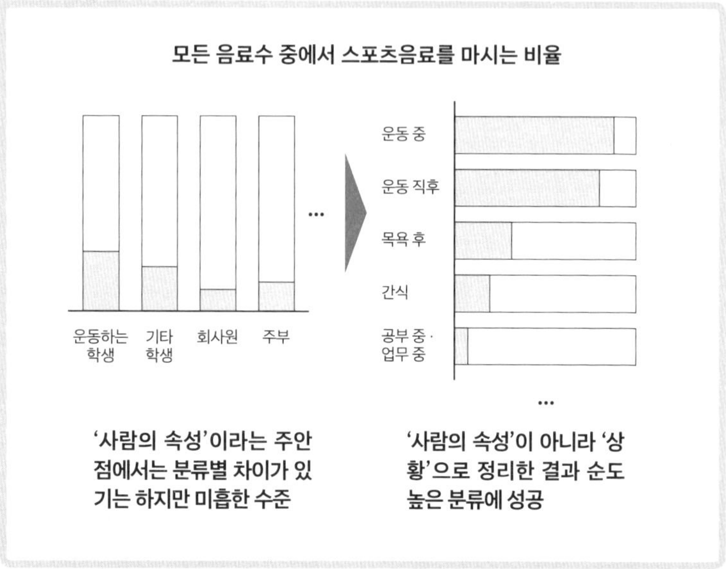

축의 기본 단위로 분석함으로써 시장을 깔끔하게 결정할 수 있다.

이는 내가 컨설팅 업무를 시작했을 때 '상황occasion=편리benefit' 관점에서 시장을 나누던 방법을 응용한 것인데, 실제로 이 방법은 아주 효과적이며 다양한 분야에서 여러 히트 상품을 탄생시켰다. 이처럼 축의 주안점을 과감하게 재검토함으로써 분석이 깔끔해지고 의미가 명확해지는 경우가 많다. 앞의 예에서도 볼 수 있듯이 정보의 혼탁함이 어디에서 비롯된 것인지를 살펴보는 것이 첫 단계다.

분석의 축을 재검토하는 일은 사실 '스토리라인 만들기'와 '그림

콘티 만들기'에서 수행하는 작업이지만 실제 분석 결과가 나오지 않으면 알 수 없는 사항이 다소 있다. 이런 경우에는 '아웃라인 만들기'의 회전율을 높이는 상황이나 이번 마무리 단계에서 수행한다. 이슈 판단, 이슈 분석, 가설 검증 이 모든 사이클을 재빠르게 회전시키는 것이 중요한 이유를 여기에서 다시 찾아볼 수 있다.

요령③ 메시지와 분석 표현 갖추기

1차트 1메시지 철저히 하기를 지켜 가로세로의 비교축을 다듬었다면 차트 다듬기도 이제 완성 단계에 들어간다. 마지막은 메시지에 준하는 '분석 표현'을 다듬는 일이다. 이 분석(서포트)이 정말로 이 메시지를 명확하게 검증하는 데 적합한지를 확인한다.

이 단계에서는 표현에서 차이가 충분하게 드러나도록 수정한다. 앞에서 살펴보았듯이 동일한 구성의 차트라 하더라도 다양한 표현 방법이 존재한다. 현재 사용 중인 표현이 정말로 적절한지 가장 이해하기 쉬운 형태가 되도록 여러 표현 방법을 시도한다.

가령 처음에는 차이를 실수(實數)로 표현하려고 했는데 차이가 이미 배수(倍數)의 크기라면 '기준 숫자의 몇 배'라는 표현으로 바꾸

그림 9 비교 표현의 두 가지 패턴

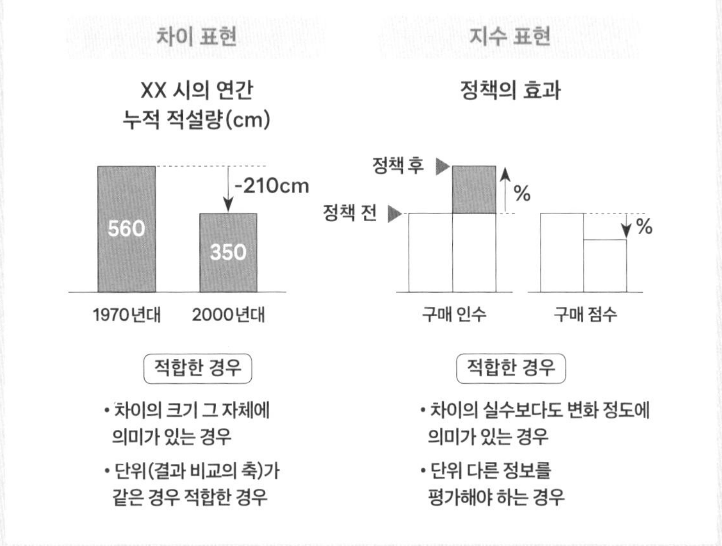

는 편이 이해하기 쉽다.

축 단위의 크기를 재설정함으로써 메시지가 더욱 명확해지는 경우도 있다. 어떤 상품의 이용객 수와 매출의 상관관계를 살펴보면 대개 '80 대 20 법칙'(매출의 80%는 전체 고객의 상위 20%에서 비롯된다)이 성립하지만 이것이 항상 옳다고는 말할 수 없다. 미리 단정짓지 말고 실제 단위의 크기는 어느 정도인지 직접 정보를 보면서 확인한다.

내 경험으로는 실제로 조사했을 때 불과 1~2%의 이용자가 매

그림 10 축 단위의 크기를 재설정하기

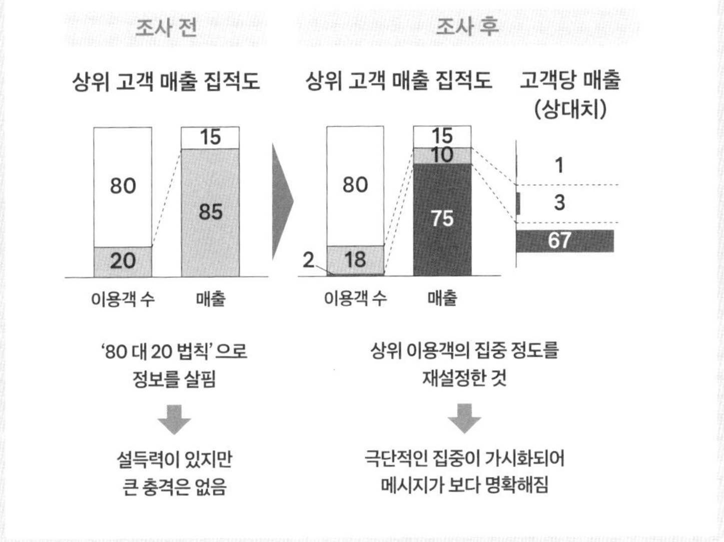

출의 80%를 차지하는 시장이 있었다. 이런 경우 강조하는 부분에 약간의 손을 대는 것만으로도 분석의 분위기와 임팩트에 큰 변화를 초래할 수 있다.

가설을 가지고 그림 콘티를 만든 후 실제로 분석과 검증을 하면 그 결과가 예상한 것과 완벽하게 일치하지는 않는다. 그것이 정상이다. 그 미묘한 차이 자체가 소중한 정보가 된다. 이슈를 따른 형태로 메시지를 명확히 하면서 이런 정보를 덧붙이며 분석 표현을 다듬어 나간다. 그 결과로써 단순한 정보의 집적이 아닌 정말로 무언가를 전달하기 위한 차트가 태어난다.

이제 메시지 다루기 단계가 끝났다. 사람들을 앞에 두고 프레젠테이션을 해보자. 아무런 문제가 없다면 작업은 끝난 것이다.

칼럼

Complete Work를 하자

나는 IT 기업에서 다양한 경영 과제에 종사한다. 직접적으로 문제 해결과 연관되는 일을 하고 있으며, 팀원의 과제나 고민을 듣고 포인트를 정리하기도 한다.

'과학자와 컨설턴트 경험이 지금 하는 업무에 어떤 도움이 됩니까?'라는 질문을 많이 받는다. 그 대답 중 하나는 이 책에서 일관되게 전달하고자 하는 '이슈부터 시작하기' 사상이며, 이와 관련된 행동 양식과 결과로써의 문제 해결력이다. 그리고 또 하나는 결과를 창출하는 일의 강력한 집중력이라고 생각한다.

컨설턴트의 일은 높은 대가를 받는 대신 확실한 변화를 만들어서 고객에게 기쁨을 주는 것이다. 과학자 역시 제한된 시간 내에 제대로 성과를 내야 하는 일이라는 점에서는 큰 차이가 없다. 두 일 모두 결과물에 자신을 컨트롤할 수 없으면 일을 즐길 수 없다. 보수는 오로지 연봉뿐이고 시간 외 근무라는 개념이 일체 없는 세계에서는 이런 사고방식을 가지고 있지 않으면 최악의 경우 노예와 같은 생활을 하게 된다.

나를 키워준 모체 중 하나인 맥킨지의 가르침이라고 할까, 교의라고 할까. 아니면 신념이라고 해야 하나. 아무튼 표현하기 어려운 헌법 수준의 말 중에 다음과 같은 것이 있다.

'Complete Staff Work'

이것은 '본인이 스태프로서 받은 일은 어떤 경우라도 완수할 것'이라는 뜻이다. 이 'Complete Work'라는 말은 전문가로서 일을 진행하는 내게 매우 무겁게 다가온다.

전문가의 세계에서 노력은 전혀 평가받지 못한다. 정성 들여 일을 할 경우 사람들이 다소의 감명은 받겠지만 이것도 어디까지나 제대로 된 결과가 나오고 나서의 일이다. 항상 결과가 가장 먼저고 노력은 그 평가의 보조 수단이자 공들임을 어필하는 것에 지나지 않는다. 단 하나의 분석이라 하더라도 관련된 하나의 이슈와 서브 이슈의 답을 구할 수 없다면 시간과 돈을 아무리 많이 투자해도 아무런 의미가 없다. 오히려 고객과 회사의 소중한 시간과 돈을 낭비했다는 점에서는 큰 죄악이다.

모든 일에는 결과가 있다. 하지만 그 결과가 일정 수준의 가치에 도달하지 않으면 그 일은 아무런 가치를 지니지 않고 대개의 경우 마이너스로 돌아선다. 이러한 무서운 사실을 뼛속 마디까지 알게 해준 곳이 맥킨지다.

'Complete Work'를 하기 위해서는 뼈를 깎는 노력을 해야 한다. 하지만 뼈를 깎는 것 자체에는 아무런 의미가 없다. 각박하다고까지 표현할 수 있는 이런 사실이 우리를 시간에서 해방시키고 진정한 의미에서 자유를 준다.

'다른 사람에게 칭찬받는 일'이 아니라 '창출한 결과' 그 자체가 스스로를 지탱하고 격려한다. 창출한 결과에 따라 분명한 변화가 발생하고 기뻐하는 사람이 있다는 사실이 가장 큰 보수다. 일이 잘 진행되었을 때 내가 느끼는 것은 기쁨이 아니라 안도감이다. 약속한 가치를 고객과 회사에 무사히 전달했다는 사실 자체가 말로는 표현할 수 없을 성취감을 느끼게 한다.

이러한 가치 창출의 저변에 있는 것이 '이슈부터 시작하기' 사상이며 '탈 멍멍이 길'이라는 사고방식이다. 이것을 제대로 파악하고 있는 것만으로도 우리의 생활은 몰라보게 편해진다. 그리고 매일매일을 충실하게 살 수 있게 되고, 하루하루 창출하는 가치가 월등히 커진다.

이런 사실을 여러분과 공유할 수 있었으면 한다.

끝마치며

일상의 작은 성공부터 시작하자

컨설팅 회사에서 일반 회사로 옮긴 지금도 담당하는 프로젝트 팀원에게 이 책에서 소개한 내용을 직접 알려줄 기회가 찾아오곤 한다.

요즘 나는 다양한 배경과 경험을 지닌 사람들과 회사의 상황에 준하는 실전적인 예제를 함께 풀면서 이 책에서 소개한 사고법을 전한다. 연수가 끝난 뒤에는 다음과 같은 후기를 많이 듣는다.

"지금까지 할당된 문제에 어떻게 대처할 것인가를 생각했는데 진짜 문제를 판단하는 일부터 시작해야 한다는 사실을 깨달았다."

"끝없이 조사만 해댄 결과 당최 내가 무엇을 하고 있는지 모르는 경우가 많았다. 그 원인이 과잉 정보에 있었다는 사실을 알았다."

"지금까지는 '멍멍이 길' 방법으로 일해왔다는 사실을 알았다. 업무에 임하는 마음가짐이 크게 변했다."

"단순한 문제는 이슈가 아니며 흑백을 가려야 하는 문제가 이슈라는 이야기를 듣고 아차 싶었다."

반면 이런 후기도 있다.

"이슈가 중요하다는 사실은 알았는데 내가 지금 보고 있는 것이 이슈인지 아닌지 어떻게 알 수 있나. 여전히 이해가 되지 않는다."

"맞는 말이라고 생각한다. 그러나 마음에 와 닿았다거나 정말로 이해했다고는 말할 수 없다."

이런 사람들에게 나는 다음과 같이 말하곤 한다.

"나는 지금 내가 할 수 있는 최대한으로 지식 생산의 단순한 본질을 전했다. 나머지는 스스로 경험하는 수밖에 없다."

먹어보지 못한 음식의 맛은 아무리 많은 책을 읽고 영상을 봐도 알 수 없다. 자전거를 타보지 못한 사람은 탔을 때의 느낌을 알 수 없다. 사랑해본 적이 없는 사람은 사랑할 때의 기분을 알 수 없다. 이슈 탐구도 마찬가지다.

어떤 문제를 정말로 해결해야 하는 국면에서는 논리뿐만이 아니라 지금까지의 배경이나 상황까지도 고려해서 '어떤 판단과 결단을 내려야 하는지' 자신의 눈과 귀와 머리로 혹은 팀 내에서 찾아야 한다. 이 경험을 하나하나 반복해 익히는 것 말고는 다른 방도가 없다.

검토한 것이 진정한 이슈라면 그것이 과학 분야든 비즈니스 분야든 확실하게 새로운 판단이 내려진 것이다. 또한 여기에 근거하여 다음 과제로 나아가거나 명확한 변화를 일으킬 수 있다. 이는 다음 단계로 나아가는 것일 수도, 보이지 않던 새로운 이슈가 가시화되는 것일 수도 있다. 애매함이 사라지고 시야가 탁 트였다는 감사 인사를 주위 사람에게 받는 경우도 생긴다. 그러면 자신이 의미 있는 이슈를 제대로 찾아낸 것이다. 일상의 업무나 연구에서 지금 하는 작업이 정말로 의미 있는 것인지 의문이 들면 잠깐 멈춰보자. 그리고 '이것이 진정한 이슈인지' 질문을 던지는 것부터 시작해보자.

되돌아보면 나 역시도 일상 속에서 이슈의 감각을 조금씩 연마해왔다. 컨설턴트로서 일을 막 시작했을 때 '그런데 그거 정말로 이슈 맞나요?'라고 묻자 팀 책임자가 '정말 좋은 질문이네!'라고 말했을 때의 뿌듯함을 아직도 생생히 기억한다. 여러분도 일상 속에서 작은 의문을 가지고 작은 성공을 쌓는 일부터 시작해보길 바란다.

'경험해보지 않으면 모른다.' 이 말에 불편함을 느끼는 사람도 있을 것이다. 논리 사고나 문제 해결의 경우 새로운 툴을 소개하는 것에 언급만 많을 뿐 본질적인 지식 생산에 관한 논의는 부족하다. 이 책이 공통적인 논의의 밑바탕과 실천의 실마리가 되었으면 한다.

특히 주위 사람이 모두 '죽을 때까지 일해라!'라는 식의 멍멍이 길 신자뿐이라 믿을 만한 상담 상대가 없는 사람은 지쳐 쓰러지기 전에 이 책을 힌트로 삼아 생각했으면 한다. '고민'하는 것이 아니라 '생각'할 때 펼쳐보기 바라며, 크든 작든 하나의 정리된 프로젝트를 완성했을 때 다시 훑어보면 또 다른 발견을 할 수도 있을 것이다.

이 책에서 소개한 사고법이 여러분의 생활을 조금이라도 개선하고, 한 명이라도 더 멍멍이 길에서 나오는 결과로 이어진다면 이보다 더 기쁜 일은 없을 것이다.

기획서는
어떻게
만들어지는가?

개정판 1쇄 발행 | 2022년 12월 20일

지은이 | 아타카 가즈토
옮긴이 | 곽지현
펴낸이 | 이동희
펴낸곳 | ㈜에이지이십일

출판등록 | 제2010-000249호(2004. 1. 20)
주소 | 서울시 마포구 성미산로 1길 5 202호 (03971)
이메일 | eiji2121@naver.com

ISBN 978-89-98342-74-6 03320